꼴찌 아빠 일등 아들

꼴찌 아빠 일등 아들

오평선 지음

북허브

아이는 아버지의
뒷모습을 보며 자란다

My dream...

부모라면 누구나 자식의 장래를 걱정한다. 필자 역시 자녀 둘을 두고 있는 평범한 아버지로서, 똑같은 걱정을 등에 진 채 살고 있다. 고백하자면 내 뜻대로 잘 안 되는 둘째 아이에 대한 고민을 하다가, 코칭을 위한 『청소년 비전설계 프로그램』을 만들게 되었다. 이 프로그램을 실행하며 느낀 점이 많아 나와 같은 고민을 하고 있을 다른 부모들과 공유하고 싶은 마음에 글을 쓰기 시작했다.

나는 전문 작가도 아니고 아직까지 자녀교육에 성공했다고 단언할 수도 없다. 교육회사에 18년간 몸담아 왔지만 제 아이 하나 올바른 방향으로 이끌지 못한 책임을 먼저 반성한다. 하지만 뒤늦게나마 아이를 올바른 방향으로 이끌기 위해 가족 모두 분투하고 있다.

우선 이글을 읽게 될 독자 가운데 아버지가 있다면, "아이가 바뀌기를 기대한다면 먼저 아버지가 바뀌어야 한다"는 말씀을 드리고 싶다. 과거 우리 환경에서는 아버지가 돈을 벌고 어머니는 집에서 살림을 하면서 아이를 길렀다. 교육과 관련해 '맹모삼천지교(孟母三遷之敎)'가 즐겨 인용된 것에서도 드러나듯, 아이 교육에서 어머니의 역할을 중시하는 시각이 강했다.

그러나 지금의 환경은 어떠한가? 과거의 성 역할 분담이 여전히 유효한가? 그렇지 않다. 필자의 가정만 보더라도 그렇다. 나는 물론 아내 역시 직업을 갖고 있는데, 아내는 오히려 나보다 일에 투자하는 시간이 더 많아 바쁘게 사회생활을 하고 있다. 사회변화에 따라 가정환경 역시 엄청나게 달라지고 있는 것이다. 그럼에도 대다수 남편들이 여전히 교육을 아내의 몫으로 떠넘기고 사교육비를 제때 내는 것만으로 아버지로서 할 일을 다 했다고 자위하지는 않았는지, 스스로 짚어볼 일이다.

맹자는 어려서 아버지가 돌아가셨으므로 자연히 '맹모삼천지교'일 수밖에 없었다. 그러나 이제는 이 말을 잊는 편이 현명할 것 같다. 물론 어머니의 역할 역시 중요하다. 따라서 앞으로는 이고사가 '맹부모삼천지교(孟父母三遷之敎)'로 기억되길 바란다.

내 아이의 어떤 모습이 맘에 들지 않는다면, 먼저 아버지가 달라져야 한다. 아버지의 절대적인 관심과 노력이야말로 아이가 올바른 방향으로 성장하도록 이끄는 동력이다. 아버지 한 사람이 백 명의 스승보다 낫다는 말도 있지 않은가. 마쓰시타전기의 창업자 마쓰시타 고노스케는 "아이들 교육에는 이래라, 저래라 하고 직접 가르치는 방법과 부모가 솔선해서 바람직한 삶을 보여주는 법, 두 가지가 있는데 뒤의 것이 상수(上手)다."라고 했다. 필자 역시 아이의 변화는 아버지의 솔선수범에 의해 촉발된다는 사실을 절감했기에 사회생활에 지친 아버지들의 입장을 십분 이해하면서도 어려운 부탁을 드린다. 그동안 느끼지 못한 아버지의 관심과 사랑이 아이에게 변화의 날개를 달아줄 것이다.

이 책은 필자가 아이의 장래를 고민하며 만든 『청소년 비전설계 프로그램』의 얼개에 따라 구성되었다. 그리고 아이들에게 들려주고픈 세상 이야기와 필자의 경험, 또 이 프로그램을 아이에게 적용해 아이가 제 스스로 이루고 싶은 목표와 비전을 수립하고 실천 계획에 따라 생활해온 6개월 남짓한 과정을 담고 있다. 말하자면 아이가 그동안 학교와 학원을 오가며 잃어버린 꿈을 되찾는 여정을 그렸는데, 그 여정에는 누구보다도 부모, 특히 아버지의 동참이 필수적이다.

부모가 자녀에게 줄 수 있는 가장 소중한 선물은 꿈을 갖도록 돕는 것이 아닐까? 유태인 속담에 '고기를 잡아줄 것이 아니라 고기 잡는 방법을 가르치라'는 말이 있다. 고기를 잡아주면 일시적 만족에 그치지만 고기 잡는 방법을 가르치면 그 만족이 평생 동안 지속된다. 더 나아가 아이에게 소중한 꿈을 갖게 해준다면 그것은 자녀에게 영원히 지속될 유산으로 남게 될 것이다.

오늘날 우리는 역사 속 위인들의 꿈이 실현된 결과로 만들어진 창조물 덕을 톡톡히 보며 살고 있다. 한글이 대표적인 예이다. 세종대왕은 "어린 백성들이 쉽게 익혀 날마다 쓰는 데 편하게 하고자" 한글 창제의 대업에 착수했고, 마침내 그 꿈을 실현함으로써 후대에 길이 남을 '위대한 유산'을 우리에게 선물했다. 우리 아이들의 꿈이 부디 자기만의 성공이 아니라, 세종대왕이 가슴에 품었던 비전과 같이 사회와 후대를 길이 밝히는 따뜻하고 아름다운 빛으로 승화되길 마음으로부터 기원한다.

잊힌 꿈을 복원하자

어느 날, 강한 바람에 도토리 열매가 툭 하고 떨어졌다. 이 소리에 놀란 토끼가 뛰기 시작한다. 토끼가 뛰자 다람쥐도 함께 달리기 시작한다. 이 모습을 본 사슴이 불안해서 같이 달린다. 토끼와 다람쥐, 사슴이 달리자 그 뒤를 멧돼지도 따라 달린다. 그 모습을 본 숲속의 모든 동물들이 덩달아 함께 달리기 시작한다.

그러나 아무도 달리는 이유를 알지 못한다. 계속 달리다가 마침내 벼랑 끝에 이르자 모두 멈춰 선다. 누군가 헉헉 숨을 몰아쉬며 묻는다.

My dream...

"그런데 우리, 왜 달려온 거지?"

아무도 이유를 모른다는 표정이다. 달리기 시작한 순서를 거슬러 올라가 모두들 토끼에게 묻는다.

토끼가 대답한다.

"그냥, 뭔가 떨어지는 소리에 놀라서 뛰었을 뿐이야."

다음으로 다람쥐에게 묻는다.

"넌 왜 달린 거지?"

"토끼가 막 뛰어가기에 나도 그냥 달렸어."

순서대로 모두에게 묻는다.

"왜 달린 거야?"

결국 모두의 대답은,

"누군가 달리고 있기에 그냥 따라 달린 거라구!"

당신은 아는가, 왜 달리는지? 무엇 때문에 아이를 이 학원에서 저 학원으로 돌리느라 시간과 돈과 에너지를 낭비하고 있는지, 뚜렷한 이유를 댈 수 있는가? 혹시 우리 모두 남들이 뛰니까 덩달아 뛴 것은 아닐까?

아인슈타인은 어릴 적, 말을 못해 '저능아' 소리를 들었다고 한다. 그럴 때마다 그의 어머니는 아들에게 이렇게 말하곤 했다.

"걱정 말아라, 아가. 남과 같아진다면 결코 남보다 나아질 수 없단다. 하지만 너는 남과 다르니까 분명히 멋진 사람이 될 거야."

아인슈타인의 어머니가 너나없이 일류지상주의에 빠져 붕어빵처럼 틀에 박힌 인간을 양산해 내는 오늘날 우리 교육의 현실을 본다면, 과연 뭐라고 할까?

　'남보다 뛰어나게'가 아니라 '남과 다르게' 키울 때, 1등이 아니라 꿈을 목표로 달릴 때, 비로소 우리 아이들은 저마다 가진 재능을 활짝 꽃피우고 자기 분야에서 독보적인 전문가로 성장할 수 있지 않을까?

　이제 잃어버린 꿈을 되찾도록 우리 아이들에게 응원을 보내자!

1등을 목표로 뛰는데
인생의 목표는 모른다?

가장 답답한 것은 아이가 아무런 목표도 없이 하루하루 그냥 흘러가는 대로 살아간다는 점이다. 목표가 없으니 생활을 계획적으로 꾸려 나가려 하지도 않고 스스로 공부를 하려고 들지도 않는다. 내 아이처럼 목표가 없고 공부도 못하는 경우도 걱정이지만, 공부는 잘하는데 목표가 없이 무조건 공부하는 아이도 걱정스럽기는 마찬가지다.

01

목적지 없는
발걸음

세상 이야기 들려주기

명문대를 나온 Y, 왜 다시 수능을 보았을까?

Y는 초등학교 때부터 줄곧 상위권 성적을 유지해 왔다. 다른 것들에 특별한 관심이나 욕심이 없었던 Y는 공부만큼은 반에서 1등을 놓치지 않으려고 밤을 새워가며 공부했다. 학교 선생님 말씀이라면 반드시 지켜야 하는 것이 진리인 줄 아는 고지식한 면도 있었다.

중학교를 거쳐 비평준화 지방의 명문 사립여고를 들어갔을 때만 해도 1등은 Y에게 있어 분명한 성취 대상이자 목표였다. 공부가 딱히 재미있었던 것은 아니다. 다만 1등이라는 타이틀이 한창 사춘기였던 Y에게 선생님과 부모님의 관심을 끌고 많은 친구들

과의 유대관계를 돈독히 하는 수단이 되어 주었다. 1등은 필요조건이자 충분조건이었다.

Y가 진로에 대해 고민하기 시작한 것은 고3 여름방학이 시작되던 때부터였다. 그 전까지도 Y의 모든 관심은 100일 앞으로 다가온 수능에서 얼마나 높은 점수를 받을 수 있는가에 집중되어 있었다. 수능 점수가 관건이고 학교와 학과는 부차적으로 따라오는 선택사항일 뿐이었다.

초·중·고등학교 시절에 대학은 막연한 목적지였다. 전공이니 학과니 하는 단어들은 생소했을 뿐더러 관심도 없었다. 어떤 대학이 좋다 나쁘다가 관심사였으며, 이른바 명문대에 도달하기 위한 성적과 등수가 중요한 기준이었다. 학교 선생님과 부모님이 그랬듯 1등만 하면 모든 것이 다 이루어질 것이라고 생각했다.

그러나 막상 수능 결과가 발표되자 Y는 막막해졌다. 수능을 얼마나 잘 봤느냐와 상관이 없었다. 그보다 더 근본적인 물음이 제기됐다. 지금 내 적성이 무엇일까, 앞으로 난 대학에서 어떤 전공을 통해 어떤 미래를 그려야 할까?

생각 끝에 Y가 선택한 대학과 학과는 학교에서 친했던 친구들이 선호한 대학과 학과였다. 친구들이 선택했기에 단지 '좋아 보여서' 막연히 친구 따라 대학을 간 셈이다. 물론 그렇게 시작된 대학생활은 재밌지도 않았고 학과 공부가 적성에 맞을 리 만무했다. 오랫동안 그리던 대학생활이었지만 기대 이하였다. 그러나 Y는 초·중·고등학교 시절처럼 공부만큼은 열심히 했다. 적성과 상관없이 일단 높은 학점이 목표였기 때문이다. 남들처럼 복수전공을 하고 하나도 따기 힘들다는 국가 기술 자격증도 여러 개 취득했다.

학부 졸업반이 되었을 때, Y는 다시 한번 고3 시절, 대학과 학과를 고민하던 때와 같은 막막함에 부딪혔다. 학점도 높았고 학위도 2개를 취득했으며, 자격증도 여러 개 있었지만 그것이 전부는 아닌 듯싶었다. 그러나 Y에게는 '과연 이게 평생 내가 하고 싶어 하는 길일까?' 라는 자문보다 일단 취직을 해야 한다는 의무감이 더욱 앞섰다. 우선 전공과 맞는 회사를 선택하고 취직을 하기로 했다.

직장생활을 하며 Y는 그동안 머릿속에 막연히 가지고 있던 질문을 스스로에게 진지하게 되물었다.

'난 무엇을 좋아하지?'

'내가 잘할 수 있는 것은 무엇일까?'

'내가 진심으로 하고 싶은 일은 무엇일까?'

쉽지 않은 질문들이었다. 그러나 고3 때부터 대학을 졸업하고 직장에 취업해서까지 끊임없이 되풀이해온 질문이었다. 이번엔 멀리 돌아가고 싶지 않았다. Y는 아직 젊었고 지금부터라도 시작할 수 있다는 자신에 대한 믿음이 있었다.

Y는 좋아하는 것과 자신이 할 수 있는 바를 적고 그에 맞는 직업군을 찾아보았다. 그렇게 오랜 고민과 물음 끝에 Y가 최종으로 선택한 것은 뜻밖에도 지난 4년 동안 대학에서 전공한 학과와는 전혀 다른 분야였다.

지금 Y는 다시 수능을 봐서 자신이 목표로 한 대학에 들어가 원하던 전공공부를 마쳤다. 그리고 졸업하여 전공 관련기관에서 일하고 있다. 비록 수년이라는 시간을 돌아온 셈이지만 지금에 와서 후회는 없다고 한다. 되레 이런 시행착오가 있었기에 지금의 Y가 있는 것이 아닐까. 그러나 시행착오 없이 조금 더 일찍 자신의 적성을 알고 준비했더라면 그만큼 시간을 아낄 수 있었을 것이다.

사교육비에 허리 휘는 부모와 꿈을 잃은 아이들

우리나라 대학생과 직장인 중 본인의 적성에 맞게 학과와 진로를 선택했느냐는 질문에 자신 있게 '그렇다'고 답할 수 있는 사람이 과연 몇이나 될까? 안타깝게도 우리나라 교육현실은 자라나는 세대에게 미래를 꿈꾸게 하지 못하고 있다. 사람은 누구나 자신만의 강점을 가지고 있다. 그러나 아이들이 저마다 지닌 강점을 발견하도록 도와 꿈을 갖게 하고 사회생활을 하는 데 필요한 기본적인 소양을 가르치는 일은 교육현장에서 실종된 지 이미 오래다. 당장 코앞에 닥친 입시 위주의 교육으로 그 본질이 심각하게 왜곡되고 있다. 소위 일류대 입학이 지고지선의 목표인양 아이들을 호도하는 가운데, '인생의 목적지'를 잃고 방황하는 청소년이 늘고 있다. 아이들은 단지 부모들이 가라는 길로 막연히 걷고 있을 뿐이다.

목적지 없이 길을 나서보라. 하염없이 걷지만 내가 이 길을 왜 가고 있으며 또 어디로 가야 하는지 모르니 흥이 날 리 없고, 가장 빨리 갈 방법을 찾을 이유도 없다. 목적지가 없으니 가다가 흥미있는 것을 만나면 가던 길을 멈추기 일쑤고, 힘든 고갯길을 만나면 넘기를 아예 포기한다. 지금 우리 아이들 대부분이 바로 이런 상황에 놓여 있다. 부모의 성화에 못 이겨 학교가 끝나면 이 학원, 저 학원을 떠돌지만 정작 최종 목적지가 어디인지는 아이도, 부모도 모른다. 인생의 긴 여정이 어디로 향해 있는지도 모른 채 코 꿴 소처럼 하루하루를 보내는 아이들을 보면 정말 안타깝다.

물론 그 중에는 성적이 좋은 아이도 있고 그렇지 않은 아이도 있다. 후자의 경우, 대부분의 부모들은 급한 마음만 앞세워 현재의 아이의 상황이나 생각 그리고 아이가 소망하는 것들을 무시하고 갖은 수단과 방법을 동원해 뒤떨어진 성적을 올리기 위해 고

군분투한다.

고군분투가 좋은 성적으로 귀결되기도 하지만 다양하게 동원된 작전은 대부분 수포로 끝나기 일쑤다. 철수 엄마가 이 학원이 좋다면 그 학원으로 옮기고, 영희 엄마가 실력 있는 개인과외 선생을 추천하면 무리해서 고액과외도 불사한다. 하지만 이런 노력에도 불구하고 부모와 아이에게 남는 것은 원망과 피곤한 일상뿐이다. 아이의 변화를 위한 작전(?)에 아이러니하게도 아이는 배제되어 있는 것이 현실이다.

필자도 아이를 기르는 사람으로서 부모의 급한 마음을 충분히 이해한다. 하지만 수없이 많은 방법을 동원해도 효과가 없다면 이제는 원점으로 돌아가 긴 안목으로 시작해보는 여유를 갖기 바란다. 급할수록 돌아가라는 말도 있잖은가. 어차피 지금과 같은 방법으로 안 된다면 시간이 걸리더라도 새로운 접근을 시도하는 것이 바람직하지 않을까?

물론 성취 지향적이고 공부를 잘하는 일부 아이들은 외고나 과학고 같은 소위 좋은 고등학교에 진학하고, 이른바 일류대에 입학할 가능성이 높다. 그러나 정녕 대학이 인생의 최종 목표인가? 최종 목표를 마치 일류대 합격으로 착각하는 부모들이 많기에 아이들이 족집게 학원 등을 전전하다 일류대에 입학하고 나서 방황하는 사례가 갈수록 늘어나는 것 아닐까?

얼마 전 어느 시사프로에서 요즘 아이들은 대학에 가서도 학과 공부를 따라가기 위해 과외를 받는다는 기막힌 이야기를 들은 적이 있다. 일류대에 입학한 아이들 중에도 자발적인 학습능력이 떨어지는 아이들이 늘고 있다는 이야기이다. 이러한 언론보도는 우리 교육이 얼마나 잘못됐는지 입증해 주는 단적인 사례다.

더 큰 문제는 아이들이 대학에 입학하고 나서 적성에 맞지 않거나 자신의 꿈과 동떨어진 전공을 공부해야 하는 데에서 오는 회의감 때문에 대학생활에 흥미를 잃게 되는 경우가 적지 않다는 사실이다. 이런 현상은 대학을 나와 취업을 한 뒤까지 연장되기도 한다. 앞에서 예로 든 Y와 같은 사례가 적지 않다는 것이다.

언제까지 붕어빵을 찍어낼 것인가

오늘날 우리 교육이 이처럼 황폐화한 것은 학벌을 중시하는 사회풍토에 기인하는 바가 크다. 2007년 6월, 세상을 떠들썩하게 만든 학력위조사건은 일차적으로 당사자의 책임을 엄중히 물어야 할 일이다. 그러나 실력보다 학벌을 우선시하는 우리 사회의 일그러진 풍토가 근본적으로 개선되지 않는 한 언제고 또 일어날 수밖에 없다는 점에 문제의 심각성이 있다. 이 같은 사회풍토가 지속되는 한 교육의 다양성은 결코 구현될 수 없고 학교는 여전히 붕어빵처럼 획일적인 인간을 양산해내는 데에만 골몰할 것이다.

다행히 최근 들어 실력 위주로 사원을 채용하는 회사가 늘고 있지만 아직까지도 많은 기업들이 일류대 출신을 선호한다. 그러나 기업체 인사 담당자들에게 일류대 출신이 회사에서 학벌에 걸맞은 능력을 발휘하고 있는가를 물어보면 부정적인 의견이 많은 것도 사실이다. 필자 역시 과거 인사팀장으로 일하며 느낀 바로는, 학벌만 보고 사람의 역량을 판단해서는 실망하기 쉽다는 것이다. 물론 자기 스스로 목표를 정하고 자발적 동기에 의해 실력을 쌓아온 이들에게는 해당되지 않는 이야기다.

미래학자 앨빈 토플러는 "지식기반사회에서 세계화가 진행될수록 빈부격차가 심해지고 양극화가 진행된다"고 말했다. 또 그 해결책을 묻는 질문에 "지식기반사회는 생산자가 소비자가 되는 프로슈머(prosumer) 사회이며 이런 사회에서는 교육 시스템의 개혁이 하나의 해결책이 될 수 있을 것"이라고 대답했다. 즉 과거와 같이 '대량생산체제 식의 획일적인 교육이 아닌, 지식기반에 입각해 다원화된 개성을 키워나가는 창의력을 자극하는 교육'이 이루어져야 한다는 것이다.

서두에서 예로 든 Y는 그래도 다행스러운 경우다. 뒤늦게나마 자신의 꿈을 찾고 성공적으로 진로를 수정할 수 있었으니 말이다. 그러나 대개의 경우, 사회생활을 하면서 직업 진로를 새롭게 설계하는 것을 쉽게 포기한다. 청소년기에 투여한 시간과 비용과 노력을 몇 배 이상 투여해야 할 뿐 아니라, 결심도 쉽지 않고 실행력도 뒷받침되기 어렵기 때문이다.

이는 교육 시스템 개혁과는 별개로 아이들의 잃어버린 꿈을 되찾도록 돕는 노력이 가정과 학교에서 일상적으로 이루어져야 함을 뜻한다. 다시 말해, 먼저 아이가 자신의 적성과 장점을 바탕으로 스스로의 꿈을 구체적이고 명료하게 목표를 설정할 수 있어야 한다는 것이다. 그리고 그 목표를 이루기 위해 무엇을 어떻게 할 것인지 뚜렷한 진로설계를 할 수 있도록 체계적인 뒷받침이 이루어져야 한다는 것이다.

내 아이의 이야기

무조건 이유 없이 학교와 학원을 오가는 아이

얼마 전까지만 해도 우리 아이의 생활방식과 태도는 한마디로 엉망이었다. 현재 중학교 2학년인 아이는 초등학교 때만 해도 어느 정도 공부에 재미를 느꼈고 성적도 중상위권을 유지했다. 그리고 스스로 원해서 태권도와 컴퓨터 학원을 재미있게 다녔고 자격증도 두 개나 따며 성취의 기쁨을 맛보았던 것 같았다. 돌이켜보면, 그때까지만 해도 내가 아이에게 어느 정도 관심을 가지고 공부를 도와주었던 것 같다. 그러나 언제부터인가 우리 부부는 바쁜 사회생활을 핑계 삼아 아이를 학원에 떠넘기고 어떻게든 되겠지, 하며 잊고 살아왔다. 지금의 아이 모습은 아이를 방치한 우리 부부의 책임임에 틀림없다.

아이의 생활태도를 보면 한심하다는 표현밖에 나오지 않는다.

아침 7시 10분쯤 알람이 울린다. 그러나 아이는 알람을 끄고 거실로 자리를 옮겨 다시 잠을 잔다. 내가 출근하면서 다시 깨워줘야 허둥지둥 세면을 한 뒤, 책가방을 둘러메고 학교로 향한다. 학교를 '그냥 가야 하는 곳'으로 여기고 있는 것 같다.

아이의 학교생활을 직접 보지는 못했지만 가끔 통신란에 적힌 담임선생님의 글로 미루어 짐작할 수 있다. "대인관계가 좋고 착하다"는 말 뒤에 어김없이 따라붙는 "수업시간에 집중하지 않고…"라는 지적이다. 학교에서 돌아온 아이는 케이블TV를 보거나 몇 시간씩 게임을 한다. 어떤 때는 좋아하는 만화책을 빌려 보며 빈둥거리다가 학원 갈 시간이 되면 다시 학원 가방을 메고 집을 나선다.

학원에서의 생활 역시 한 달에 두어 번 걸려오는 학원 선생님의 상담전화를 통해 짐작한다. "진성이는 수업시간에 다른 생각을 하고 있는 것 같다"는 말이다. 물론 그런 날이면 아이를 나무라기는 하지만, 다음 전화에서도 역시 같은 메시지를 전달받는다.

학원이 끝나고 집에 오면 몇 시간씩 학원에 가서 앉아 있었다는 점을 방패 삼아 숙제를 조금 하고서 다시 TV 앞에 다가선다. 나나 아내가 잔소리를 하면 방으로 들어가 공부하는 척, 책상에 책을 펴놓고 겨우 앉는다. 공부하라고 하면 그때부터는 화장실도 자주 가고 물도 자주 먹으러 나온다. 하기 싫은 공부를 하라고 하면 나타나는 반응임이 분명하다.

정보통신기술의 발달로 아이의 집중을 흐리게 하는 적군이 하나 더 생겨났다. 바로 휴대폰이다. 요즘 아이들은 아마 휴대폰이 없으면 우울증에 걸릴 것이다. 출퇴근하는 지하철 안에는 일명 '엄지족'이 넘쳐난다. 우리 아이 역시 수시로 날아드는 문자에 빠짐없이 답문자를 날린다. 꼬리에 꼬리를 물고 문자가 이어진다. 이런 행동은 시도 때도 없이 이루어진다. 가족끼리 이야기를 나누거나 외식을 할 때도 휴대폰에서 울리는 문자메시지 알림이 아이를 또 휴대폰으로 끌어들인다. 공부를 하라고 하면 자기 방에 들어가서도 수시로 친구들과 문자를 주고받으며 시간을 보낸다.

약속에 따라 예전에 짠 생활계획을 철저히 지키는 유일한 날은 바로 토요일이다. 주말에는 약속을 잘 지키는 아이로 변모한다는 말이 아니다. 그 약속이란 주중에는 계획한 대로 매일 공부를 하고 일주일 중 토요일은 자신이 하고 싶은 대로 시간을 보내도록 자유 시간을 주기로 한 것이다. 아이는 이것만큼은 머릿속에 명확히 새기고 잘 지킨다. 이런 식으로 주말에는 밤늦게까지 TV를 보다 잠이 들어 일요일 아침 10시 넘어서까지 일어나지 않는다. 일요일에도 약간은 형식적으로 공부하는 척하다 친구의 문자에 바로 옷을 갈아입고 밖으로 줄행랑을 치곤 한다.

공부도 못하는 놈이? 아뿔싸!

평소의 이런 생활태도가 시험기간이 되었다고 크게 달라지지는 않는다. 아이는 지난 시험결과로 압박하는 부모의 성화에 화답하느라 책상 앞에 앉아 있는 시간을 애써 늘리기는 한다. 물론 대부분의 시간은 학원에서 시험 준비를 한다며 붙잡아 두기 때문에 약 2주일은 집에서 얼굴 보기가 쉽지 않다. 그러나 많은 시간을 학원에 사로잡혀 있다고 해서 공부에 집중할 것 같지는 않다. 아이가 공부에 집중하며 책상에 앉아 있을 수 있는 시간이 그리 길지 않기 때문이다. 내가 알기로 길어야 10~20분 사이다. 물론 집중력이란 상황에 따라 달라진다. 자기가 좋아하고 흥미 있는 일, 이를테면 게임을 할 때는 무섭게 집중력을 발휘한다. 결국 공부에 흥미가 없으니 집중력이 바닥인 것이다.

이렇게 시험이 끝나면 나름대로 스스로에게 보상(?)을 한다. 일주일간은 거의 공부를 잊고 산다. 이후 시험결과가 나오면 집안 분위기는 지난 번에도 그랬듯 썰렁하기 짝이 없다. 부모는 아이에게 재차 심각하게 반성하고 심기일전할 것을 주문한다. 그러고 나면 며칠간은 변한 척 행동하다 다시 조금씩 그 '척'이 줄어든다.

갈수록 우리 부부의 잔소리가 늘어난다. 공부뿐 아니라 아이의 다른 행동들까지 마음에 들지 않고 부정적으로 보인다. 나도 모르게 '공부도 못하는 놈이…' 하는 생각에 흠칫 놀라곤 한다. 이런 생각이 많아질수록 아이의 장점은 하나 둘 묻히고 아이가 어느새 '가망 없는 놈'으로 여겨진다.

가끔 아이를 앉혀놓고 사회생활에 대해 이야기한다. "너 지금처럼 공부해서 나중에 사회에서 어떻게 생활할래?", 이런 식의 막연한 이야기를 자주 한 것 같다. 학창시절과 사회생활을 미리 경험한 부모 입장에서는 저렇게 하면 정말 앞으로의 삶이 어려울 텐데, 하는 생각에 잔소리를 하게 마련이다. 답답함이 더해갈수록 잔소리의 강도 역시 높아진다.

가장 답답한 것은 아이가 아무런 목표도 없이 하루하루 그냥 흘러가는 대로 살아간다는 점이다. 목표가 없으니 생활을 계획적으로 꾸려 나가려 하지도 않고 스스로 공부를 하려고 들지도 않는다. 내 아이처럼 목표가 없고 공부도 못하는 경우도 걱정이지만, 공부는 잘하는데 목표가 없이 무조건 공부하는 아이도 걱정스럽기는 마찬가지다. 물론 내 아이 같은 경우가 가장 심각하기는 하다. 솔직한 심정으로 목표가 없어도 좋으니 공부만이라도 잘했으면 좋겠다는 생각도 해본다. 물론 이후에 어떤 결과가 기다리고 있는지 잘 알면서도 말이다.

부모는 아이의 거울 ; 필자의 사례

상당수 아이들이 이렇게 목적지 없이 무작정 걷고 있다. 이런 아이들의 모습이 아이들 자체의 문제로만 인식되어서는 해결할 방법을 찾기 어렵다. '부모는 아이의 거울'이라는 이야기를 생각해보자. 과연 부모 자신은 분명한 목적지를 가지고 걸어가고 있는데 아이만 그렇지 않은 것인가? 부모 역시 아이와 똑같은 상황은 아닌지 스스로 반성할 필요가 있다.

나 역시 미래에 대해 자주 고민한다. 갈수록 평균수명은 길어지는데 내가 지금 다니고 있는 직장에서 몇 살까지 일할 수 있을까? 운 좋게 정년퇴직을 한다고 해도 최소한 20년은 더 살아야 하는데, 그 20년을 무엇을 하며 살아가야 하는가? 아마도 대부분의 직장인들이 같은 고민을 할 것이다.

어떤 사람들은 인생 이모작 목표를 확실히 정해 직장생활을 열심히 하면서도 미래에 대한 준비를 차근차근 해 나간다. 그러나 대부분의 사람들은 걱정만 할 뿐, 아무 생각 없이 그냥 학교로 나서는 아이와 다를 바 없는 생활을 오늘도 지속하고 있다.

나에게 2000년도는 직장생활에서 어느 정도 인정도 받고 다른 동료들이 부러워할 정도로 승진이 빨랐던 시기였다. 그해 말부터 나는 미래를 고민하며 제2의 인생 목적지를 찾았다. 나는 오랫동안 경험하고 이론적인 지식을 지속적으로 다져온 분야로, 나이에 관계없이 유지할 수 있는 일을 찾기로 했다. 또 그 일이 지금 하는 일에도 도움이 되고 훗날 경험을 충분히 활용할 수 있으며 무엇보다 내가 즐길 수 있는 일이기를 바랐다. 노력 끝에 마침내 그 업(業)을 발견했다. 그것은 바로 리더십컨설턴트다.

제2의 직업목표를 정하고 나는 연도별로 실현해야 할 중·단기 목표를 명확히 세웠다. 또 그 목표를 이루기 위해 수년간 꾸준히 실천했다. 직장에서 맡은 업무에 최선을 다하며 퇴근 후나 주말, 출퇴근시간을 쪼개서 관련 서적을 꾸준히 읽었다. 외부 교육도 가능한 한 많이 찾아다니며 이론적 기반을 갖추기 위해 노력했다. 또 나의 경험을 기반으로 이론과 경험이 조화를 이룬 강의자료를 지속적으로 개발해 상당한 양을 보유하게 되었고 강의도 활발하게 했다.

그러나 목표지점에 근접해갈수록 내 자신의 초라함을 뼈저리게 느꼈다. 내가 경쟁력을 갖기에는 시장경쟁이 너무 치열했고 게다가 그 분야에 종사하는 이들은 대부분 학벌이 좋고 사회적 명성도 있는 사람들이었다. 최근 우리사회를 떠들썩하게 했던 학력위조 스캔들을 접하면서, 나는 그들의 행동이 사회적으로 비난받아 마땅하다고 생각하면서도 일면 오죽하면 그랬겠느냐는 생각을 하지 않을 수 없었다. 나 역시 내세울 만한 학벌이 없어서 내가 시장에 나갔을 때 과연 경쟁력이 있을까, 스스로 의문을 갖고 있었기 때문이다.

나는 지방대학을 졸업했고 지방근무 시 경영대학원 특수과정을 1년 수료한 것이 학력의 전부다. 일류대학을 나온 것도 아니고 그렇다고 외국에서 MBA를 하지도 못했다. 나를 모르는 사람들은 프로필만 보고 나를 평가할 것이고, 지방대학을 나왔다는 선입견으로 실력에 비해 나를 저평가할 것이라는 생각을 떨쳐버리기 힘들었다. 그러한 열등감이 끊임없이 스스로를 위축시켰고 점점 자신감도 잃어갔다. 결국 2006년 하반기부터 나의 목표가 흐려지기 시작했다.

그때부터 내 생활은 목적지 없이 달리는 기관차 같았다. 어느 순간부터 한 달에 한두 권 정도의 책을 읽으며 만족했다. 갈수록 책과는 서먹한 사이가 되고 나도 모르게 TV와 친해지기 시작했다. 밤늦게까지 케이블 채널을 돌리다 잠이 들고 주말이면 고시생처럼 잠을 줄여가며 TV에 빠져들었다. 내가 예전에 이런 행동을 비난해마지 않았다는 사실도 잊은 채.

2004년 「USA Today」지의 조사에 따르면, 미국인들의 연평균 TV 시청시간이 무려 1,669시간에 달하는 것으로 나타났다. 1년 중 70일 정도를 TV 시청에 허비한다는 이야기다. 미국인에 비해 좀 낮기는 하지만 한국인들도 사정은 별반 다르지 않다. 2007년 9월 통계청은 우리나라 10세 이상 국민이 평일에 2시간 6분을 TV 시청에 사용한다고 밝혔다. 계산을 해보니 1년에 4만 5,990분이다. 시간으로는 767시간이고 365일 중 32일이다. 주5일제 도입으로 일주일에 보통 이틀은 휴일이고 이때 시청시간이 2시간 늘어나는 것으로 가정해 다시 계산해보니, 1년에 5만 8,302분, 972시간, 약 41일을 TV 시청에 소비하고 있다는 놀라운 결과가 나온다. 하지만 나와 아이는 그 기록에 도전이라도 하듯 TV에 빠져있었다.

일요일에는 늦게 일어나 겨우 식사를 하고 집안일을 조금 도와준 뒤 낮잠 자기 일쑤였다. 아내가 뭐라 하면 "회사 일이 피곤해서 그렇다"고 변명을 해댔다. 그리고 집에서 가까운 산을 주말마다 오르던 것도 귀찮게 느껴져 차츰 발길을 끊게 됐다. 몸에는 하루가 다르게 살이 붙었다. 불룩 나온 배는 내 몸인데도 스스로 싫어질 때가 종종 있을 만큼 흉했다. 월요일 아침이면 늘 몸이 천근만근, 하루 종일 월요병에 시달렸다. '사람 망치는 것은 시간문제'라는 말은 나를 두고 만든 말 같았다.

문제는 아이가 아니라 나 자신에게 있다

나는 아이의 심각한 상황을 어떻게 극복해야 할까 고민하면서 '문제는 아이가 아니라 나 자신'이라는 결론에 도달했다. 아이의 생활태도를 문제 삼기 전에 나의 최근 생활태도는 어떠했는가? 근무시간에 일에 집중한다는 점을 제외하면, 집에서의 나의 생활이 아이의 그것과 하나도 다를 바가 없지 않은가? 이런 점을 깨닫게 된 뒤 아이를 대하는 태도를 바꾸기로 했다. 훈계를 받고 혼나야 할 사람은 바로 나인데, 아이에게 무슨 염치로 훈계를 하겠는가.

최근 1~2년 사이 나 자신의 생활을 곰곰이 되짚어 보며 큰 깨달음을 얻었다. 생활태도는 내 마음 속 인생의 목표가 있는가, 없는가에 따라 180도 달라진다는 것이다. 목표가 흐려지니 내 생활이 방만하고 게을러진 것처럼, 아이 역시 목적지가 명확하지 않아서 그런 것이라는 답을 찾게 되었다. 목적지가 없는 아이에게 아무리 잔소리를 한들 마음에 와 닿지 않는 것이 당연하다.

이는 아이뿐만 아니라 누구에게나 공통적이다. 필자의 경우처럼 자기 스스로 현재에 대한 위기감을 느끼는 분들이 많을 것이다. 위기감 자체를 두려워할 필요는 없다. 위기감은 내가 변해야겠다는 각오로 이어지고 그것은 내가 원하는 나를 만들기 위한 출발점이기 때문이다.

02

부모에 의해
이끌려가는 아이들

세상 이야기 들려주기

의존적인 삶 Vs 자기 주도적인 삶

2007년 방영된 〈강남엄마 따라잡기〉라는 드라마가 있다. 이 드라마를 본 독자라면 아이의 인생을 대신 계획하고 주도하는 엄마와 그런 엄마에게 이끌려 엘리트 코스를 밟아가고 있기는 하지만 어딘지 어두워 보이던 남자아이의 표정을 기억할 것이다. 엄마 친구가 아이에게 "너는 나중에 목표가 뭐니?"라고 묻자 그 아이 엄마는 "우리 ○○는 특목고에 가서 ○○○가 되기로 초등학교 4학년 때부터 확정했어!"라고 단언한다. 그러나 아이의 표정에서 뚜렷한 목표와 꿈을 향해 달려온 열정이나 자신감은 찾아볼 수 없었다. 결국 그 아이는 학업에 대한 부담과 부모의 과도한 기대에 짓눌려 방황하다 자살하는 것으로 그려진다. 극적인 긴장과 재미를 위해 과장된 측면이 없지 않겠지만, 오늘날의 교육 세태와 부모들의 그릇된 교육관이 우리 아이들을 얼마나 불행하게 하는지를 엿볼 수 있어 씁쓸했다.

리더십과 자기계발 분야의 세계적 권위자인 스티븐 코비는 저서 『성공하는 사람들의 7가지 습관』에서 그 첫 번째 습관으로 '주도적인 삶'을 꼽는다.

의존적인 삶과 주도적인 삶의 차이는 무엇일까? 의존적인 삶이란 상대방이 내 삶의 주체가 되는 것을 말한다. 여기에 속한 사람들의 특징은 상대방이 나를 위해 행동해주기를 기대하고 그렇지 않으면 상대방을 비난하며, 자신이 원하는 것을 얻기 위해서는 상대방이 필요하다고 생각한다. 상대방이 나 대신 생각해주고 삶을 살아 줄 것으로 기대하기 때문에 상대방이 어떻게 해 주느냐에 따라 기분이 좌우된다. 상대방이 나를 이용, 조정, 통제, 제한한다는 특징이 있다.

코비에 따르면, 이런 의존적인 삶의 태도는 어려서부터 부모의 과잉보호 속에서 길러진 습관으로, 나이가 들어서도 쉽게 고쳐지지 않는다고 한다. 직장생활을 하면서 신입사원으로 들어온 이들 중에 이런 친구들을 가끔 만나게 된다. 이들은 성인이 되어 사회생활을 한다고는 하지만 정신은 아직도 부모에게 종속되어 있고 사회생활에서도 부모에게 받았던 과잉보호를 받고 싶어 한다는 것이 문제다. 그렇지만 사회에서는 절대 그런 행동이 용납되지 않는다. 대부분 이런 친구들은 회사생활에 적응하지 못하고 얼마 지나지 않아 사직한다. 사직 이유는 하나같이 회사와 상사와 동료 때문이다.

그렇다면 주도적인 삶이란 어떤 삶을 말하는 것일까? 바로 자신의 삶에 대해 내 자신이 주체가 되는 것이다. 여기에 속한 사람은 내가 스스로 일하고 책임진다는 생각으로 모든 결정은 자신의 의사에 따라 내가 선택했다고 판단하며 스스로의 노력에 의해 원하는 것을 얻는다. 또한 스스로 일을 처리하고 독자적인 사고를 하며 매우 창의적이다. 아울러 자신의 감정을 통제할 수 있는 능력을 갖췄기에 상대방에 의해 기분이 좌우되지 않는다.

어렸을 때부터 부모가 지나치게 모든 것을 다 해준 아이는 어린 시절에 만족해 다음 발달 단계로 넘어가지 못하는 경우가 종종 있다. 한 발달 단계에서 다음 발달 단계로 넘어가지 못하는 그런 현상을 '고착'이라고 하는데, 고착이 일어나면 신체는 성장하는 데 반해 심리적 발달은 제자리 걸음을 한다. 마치 동화 속에 나오는 피터팬처럼 어린이에 만족하면서 다음 발달 단계로 넘어가지 않으려는 현상이 나타난다. 심리학에서는 이를 '피터팬 증후군' (Peter Pan Syndrome)이라고 한다.

자식을 사랑하고 아끼는 마음에 모든 것을 일일이 다 챙겨줘야 직성이 풀리는 부모라면 아이가 훗날 사회생활을 할 때 어떻게 될지 고민하기 바란다. 언제까지 아이 곁을 그림자처럼 따라다닐 수 있다고 생각하는가?

부모에 의해 원격 조정되는 아이들

아주 오래 전에 읽은 어느 책에 이런 글이 있었다. 같이 읽으며 생각해보자.

아들 : 엄마, 나 학교에 다니고 싶지 않아요.

엄마 : 무슨 말이냐, 교육은 장래를 보장하는 거야. 공부에 전념해 보렴. 그러면 성적도 오르고 학교가 좋아질 거야. 넌 충분히 그럴 능력이 있어. 자 말해 봐, 엄마의 생각이 어떤지.

아들 : 알았어요.

모자의 대화는 엄밀히 말해서 대화라고 보기 어렵다. 학교에 다니고 싶지 않다는 아들의 말에 어머니는 왜 그러한 생각을 했는지 단 한 마디도 묻지 않은 채 자신의 생각만 강요하고 있기 때문이다. 물론 부모 입장에서는 그 생각이 모범답안일 수 있다. 그러나 위와 같은 일방통행 식의 대화가 일상화된다면, 결국 아이는 마음의 문을 닫게 될 것이다. 거기에 아이가 도전적인 성향을 지녔다면 부모와 대립하고 엇나가는 경우가 잦아질 것이고, 환경 순응적인 성향을 지녔다면 점차 스스로 생각하고 판단하는 능력을 상실하게 될 것이다. 두 경우 모두 아이의 삶이 행복하지 못할 것은 불을 보듯 뻔하다.

소설가 이외수가 한 방송 프로그램에 출연해 인터뷰하는 내용을 듣고 나는 한줄기 희망을 갖게 되었다. 이런 부모도 있다는 사실에 안도하는 마음이 생긴 것이다. 그는 두 아들이 고등학교 를 졸업할 때까지 공부하라는 소리를 해본 적도 없을 뿐더러 성적을 물어본 적도 없다고 한다. 그렇지만 한 가지, "세상만물을 사랑하는 마음만은 남에게 뒤지지 마라"고 했단다. 아이들이 그러면 경쟁에서 뒤질 것 아니냐고 이의를 제기하자, 그는 "경쟁하지 마라. 왜 선수만 하려고 하느냐, 심판을 할 수도 있지 않느냐고 했다"며 인생을 창조하는 창의력을 키워야 한다고 강조했다.

　미래학자 앨빈 토플러 역시 "미래 경제는 새로운 아이디어를 고안해내는 혁신가들이 이끌어가는 것이기 때문에 더불어 미래를 이끌어갈 창의적 인재를 육성해야 한다"고 말했다. 또 이를 위해서는 "동질성보다는 이질성을 강조하는 교육, 개개인에게 특화된 교육을 실시하는 체계의 형성이 중요하다"고 역설했다.

그렇다면 현재 우리나라의 대다수 아이들이 과연 창의적인 인재로 교육받고 있는가? 오히려 동일한 제조공정에서 똑같은 제품으로 생산되길 기대하는 부모에 의해 로봇처럼 하루하루를 살고 있지 않은가. 참으로 안타까운 일이다.

문제아는 없다, 단지 문제부모가 있을 뿐이다

'공부 잘하는 아이'는 자녀를 둔 모든 학부모의 간절한 기대일 것이다. 세계에서도 손꼽히는 교육열을 자랑하는 우리나라에서는 더욱 그렇다. 그러나 부모의 높은 기대와 교육열, 아낌없는 사교육비 지출에도 불구하고 많은 아이들이 학력 부진을 면치 못하고 있다. 그러면 교육적인 측면에서 학력 부진의 원인이 어디에 있을까?

첫째, 학습을 할 수 있는 환경이 조성되어 있지 않다.

학습 환경이란 협의적으로 차분하게 집중해 공부할 수 있는 분위기를 말하지만 광의적으로 사회 환경까지 포함한다. 맹자의 어머니는 자녀 교육을 위해 이사를 세 번씩이나 했다.

그러나 오로지 대학입시라는 목표를 두고 일방통행 식으로 교육이 이루어지는 사회, 상대방을 이겨야만 내가 살 수 있는 혹독한 경쟁이 일상화된 현대 사회에서는 어떠한 어린이도 자신의 적성이나 능력을 제대로 발휘할 수 없다. 이러한 환경에서 공부하는 학습자는 적극적인 자기계발과 상관없는 지식습득에만 열중함으로써 오히려 내적 잠재 가능성을 계발할 기회조차 박탈당하고 있다.

둘째, 불완전 학습이 당연시되고 있다.

완전학습이란 학습자가 90% 이상의 성취도를 보일 때를 말한다. 그러나 지금 이루어지고 있는 대부분의 집단학습을 통해서는 완전학습을 이룰 수 없다는 것을 교사 자신도 알고 있다. 이처럼 당연시 되는 불완전학습으로 인해 교사는 학습자의 학습결과가 정상분포곡선을 나타낼 때 안도감을 갖게 되고 학습 부진에 따른 모든 잘못이 학습자에게 있다고 본다. 이와 같은 결과로 학습자의 성취의욕이 저하되며 그에 따른 학습 결손의 누적은 후속 학습을 지속적으로 저해하게 된다.

셋째, 개인별 능력을 고려하지 않는다.

사람은 태어날 때부터 남과는 다른 자신만의 특성과 능력을 가지고 있게 마련이다. 올바른 교육은 이러한 개인의 특성과 능력을 바람직한 방향으로 발전시키는 것이어야 한다. 그럼에도 불구하고 학교와 학원 등에서의 획일적인 학년별, 단원별 학습은 학습자의 개성을 전혀 고려하지 않아 그들의 욕구를 충족시켜 주지도 못한다.

따라서 대부분의 학습자는 자신의 능력과 전혀 관련이 없는 학습을 강요당하고 있으며 이로 인해 극히 일부를 제외하고는 학습 자체에 대한 흥미와 자신감마저 상실하고 있어 학력 부진이 심화되고 있다.

넷째, 열등감을 조장하는 데 비해 적절한 동기부여가 없다.

가정은 제1의 학교이고 어머니는 최초의 선생님이라는 말이 있다. 우리 사회는 관습과 보수적 편견에 의해 자녀 교육의 대부분을 어머니 몫으로 떠넘기고 있다. 최근 들어 아버지의 역할을 강조하는 경향이 대두되는 것은 지극히 자연스러우면서도 긍정적인 현상이다. 그러나 "남의 자식은 가르쳐도 내 자식은 못 가르친다"는 말은 가정교육의 잘못된 현실을 단적으로 표현한다. 현재 부모들의 교육 방법 중 잘못된 사례의 대표적인 경우가 자녀에 대한 열등감 조장이다. "너, 숙제 다 했니?", "너, 일기 썼니?", "형은 너 같지 않았어!", "옆집 ○○는 안 그렇다더라" 식의 대화. 학습자에게 학습 목적이나 필요성에 대한 구체적인 설명도 없이 행해지는 이러한 말들은 학습을 의무로만 생각하는 데서 비롯된다. 또 남과 비교하는 언행은 아이의 열등감을 조장하며 의지를 꺾고 더욱 의기소침하게 만들어 학력 부진을 조장할 뿐이다.

다섯째, 학습을 시작하는 시기와 방법에 문제가 있다.

조기교육에 대한 우리나라 학부모의 관심과 열의는 실로 대단하다. 이에 따라 학습의 시작 시기가 상당히 빨라지고 있다. 심지어 태아교육까지 있다. 하지만 학습을 시작하는 방법과 동기는 학습자마다 각각 다르다. 때문에 자녀의 흥미와 관심을 전혀 고려하지 않은 채, "옆집 아이가 하니까 우리도", "옆집에서 ○○을 하니까 나는 △△을 해야지"와 같은 따라 하기 식 교육은 되레 역효과를 초래하게 된다.

또 교육의 적절한 체계 없이 맹목적으로 숫자 쓰기나 글씨 쓰기, 심지어 구구단을 억지로 외우게 하거나 영어 알파벳을 쓰게 하는 경우가 있다. 이것은 학부모의 자기만족에 지나지 않아 자녀로 하여금 일시적인 흥미를 갖도록 유도할 수 있을지는 모르나 장기적으로는 학습에 대한 반감만 갖게 만들 뿐이다.

그러므로 아이들의 학력부진은 '환경과 공부하는 방법에 문제가 있기 때문'이라는 결론에 이른다. 결국 '문제아'란 없으며 단지 '문제부모'만 있을 뿐이다. 아이들은 순백의 종이 같아서 어떤 색이든 빨아들일 수 있는 무한한 잠재력과 가능성을 갖고 있다. 그 잠재력이 현실화하고 가능성이 꽃피는 것은 결국 얼마나 적절한 환경이 주어지느냐에 달려 있다.

내 아이의 이야기

아비는 '바담 풍' 해도 너는 '바람 풍' 해라?

필자 역시 그동안 답답한 심정에서 아이에게 일방적인 훈시만 했던 것 같다. 아이가 왜 그랬는지 들어보려고 노력하지 않았고 그 입장을 이해하면서 대화를 시도하지 않았던 것 같다. 그리고 아이에게만 변할 것을 강요했지 나의 변화된 행동을 통해 아이에게 자연스러운 역할 모델을 제시해 주지도 못했다. 직장생활을 오랫동안 하면서 현 위치에서 최선을 다하려고 노력은 했지만, 언젠가 아이가 '나에게 미래의 목적지를 분명히 정하고 그곳에 이르기 위해 꾸준히 실천해오고 있는지,' 묻는다면 정말 할 말이 없을 것 같다.

보통 부모들은 자신이 지표가 되어 아이의 변화를 이끌어주기보다 자녀들과는 거리가 있는 외부 모델을 거론하며 아이가 부모의 생각대로 변하기를 강요한다. 부모 자신의 행동 변화에 대해서는 간과하는 경우가 많다. 나 역시 아이를 일방적으로 몰아붙였다. 아이의 입장에서 생각하려 들지 않고 무조건 공부하라는 말만 해왔다. 그럴 때마다 분위기는 냉랭해지고 아이는 코 꿴 소처럼 자기 방으로 끌려 들어가 '공부하는 척' 했다. 아이의 그런 모습이 답답하다고 느끼면서도 내가 직접 나서서 아이를 바로 잡자니 귀찮기도 하고 힘들다는 핑계로 학원으로 떠넘기기 일쑤였다.

아무튼 아이는 한번 학원에 가면 최소한 서너 시간은 안 보인다. 그리고 주말에도 보충이니 뭐니 해서 자주 안 보인다. 아이가 눈앞에서 안 보이니 학원에 가서 막연히 뭔가는 하겠지 하며 위안을 삼는 가운데 하루가 가고 한 달이 지나고 일 년이 흘러간다. 아버지로서 내가 하는 역할이라고는 학원비를 제때 납부하는 것뿐이다. 그러다 학교에서 시험을 보면 역시나 결과가 학원비에 비례하지 않는다는 걸 깨닫는다. 아이 스스로 공부하려는 욕구와 의지가 없는데 고액과외를 하든 24시간 눈에 안 보이게 해주든 무슨 소용이 있겠는가.

말을 물가에 데려갈 수는 있어도 물을 먹일 수는 없다

그동안 나는 부모의 생각대로 아이가 무조건 따라와야 한다는 아주 잘못된 생각에 젖어 살아왔다. 아이에게 '너의 목표(꿈)가 무엇이니?' 라는 질문은 어릴 적 말장난 정도였다. 정작 아이가 성장해 꼭 필요한 시기에 갈 길을 명확히 정하도록 조언을 해주지 못했다. 갈 길도 모르는 아이에게 내 뜻대로 안 된다고 비난을 일삼아온 내가 미워진다. '말을 물가에 데려갈 수는 있어도 물을 먹일 수는 없다' 는 옛말에서 알 수 있듯, 아이가 마음을 다잡고 스스로 결정하도록 동기를 부여하는 것이 우선이라는 깨달음을 얻게 되었다.

동기부여가 왜 중요한가? 흔히 능력 있는 사람은 무조건 성과를 창출한다고 인식하기 쉽다. 그러나 아무리 능력이 뛰어나다해도 적절한 동기가 부여되지 않는다면 기대만큼의 성과를 산출

하지 못한다. 최근에 일부 학자들은 '성과＝동기×능력'이 아닌 '성과＝동기의 제곱×능력'이라는 새로운 성과창출 공식을 통해 동기의 중요성을 더욱 강조하고 있다. 예를 들어, 매우 유능한 선장이 있는데 그가 목적지도 모르고 왜 항해를 해야 하는지 동기가 부여되어 있지 않다면 동기가 0이니 당연히 성과도 0이 될 수밖에 없다는 것이다.

필자도 여러 해 직장생활을 하면서 분명 능력 있는 사원인데도 불구하고 의욕이 부족하고 성과도 내지 못해 직장을 떠나는 이들을 종종 보와왔다. 지금 와 생각해 보면 그 역시 충분한 동기가 부여되지 못했기 때문이었던 것 같다.

나도 나름대로는 부하직원을 잘 육성하고 리더십이 있는 상사라고 인정받아왔다. 새로운 조직원을 만나면 가장 먼저 그 사람이 어떤 목표를 가지고 있는지 물어본다. 그리고 개인의 목표와 회사의 목표를 가급적 연결시켜주고 그 목표를 달성하기 위해 함께 노력하자고 권유하고 힘이 닿는 한 도와주려 애썼다. 하지만 정작 내 자식에게는 관심과 사랑이 부족했다. 이제 내 아이를 내가 사랑하는 직원들을 대하듯 해보자는 생각을 하게 되었다.

'청소년 Vision 설계 과정'의 개발 목적과 개요

여러 고심 끝에 자녀를 위한 변화프로그램을 만들기로 했다. 회사생활에서 나와 같이 일하게 된 조직원들을 처음 만났을 때 주로 사용했던 방법을 아이에게 맞게 설계해 보았다. 그 프로그램이 바로「청소년 Vision 설계 과정」이다.

이 프로그램의 목적은 우리 아이들의 막연한 꿈을 구체적 목표로 이끌어내고, 목표를 구체화하여 아이들이 자기 삶의 비전을 발견하도록 돕는 데 있다. 주로 초등학교 고학년에서 중학생 정도를 대상으로 하여 프로그램을 구성했으며, 성인 대상의 통상적인 비전설계과정과는 흐름상 차이가 있다. 성인대상 비전설계과정의 경우 2박 3일 정도 단기간에 속성으로 진행되는 것이 일반적인데, 이 프로그램은 최소 6개월 이상 장기적으로 운영될 것이다. 일상생활 속에서 시간을 두고 진행되기 때문에 그에 맞게 프로그램을 구성해 보았다.

먼저 세부 프로그램을 소개한다. 이 책의 흐름을 이해하는 데 도움이 될 것이다.

◉ 1단계 '나 자신 알기'

- 현재의 나에 대한 깊이 있는 성찰의 시간 갖기
- 내가 바라는 바와 현실과의 차이점 발견하기
- 현재 내 자신에 대해 만족하는 것과 불만족스러운 것 찾아보기
- 불만족스러운 사안에 대한 원인 바로 알기
- 나의 강점 발견하기

◉ 2단계 '내가 희망하는 직업 찾기'

- 직업이 갖는 가치와 의미 이해하기
- 다양한 직업군(미래 유망직업군)에 대해 알아보고 시야 넓히기
- 내가 꿈꾸어 온 직업 리스트를 3~5가지 정도로 만들어 보기
- 해당 직업에 대한 기본적인 조사를 통해 본인이 생각하는 직업의 강약점 발견하기

◉ 3단계 '최종 목표 직업 선택하기'

- 목표로 하는 직업을 1~2개로 압축하기
- 그 직업을 선정한 이유를 분명히 하기
- 그 직업에 종사하기 위해 필요한 조건 조사하기

◉ 4단계 '목표 달성을 위한 구체적인 계획 수립하기'

– 자신의 습관을 파악하고 목표 달성에 장애가 되는 나쁜 습관 찾기

– 3단계 조사 내용을 바탕으로 구체적인 계획 수립하기

– 최종목표 달성을 위해 단기목표와 중간목표 수립하기

◉ 5단계 '목표를 확정하고 다지기'

– 자신의 삶의 원칙과 가치관 정립하기

– 목표로 하는 직업에 종사하는 사람 찾아가 조언 듣기

– 목표로 하는 직업 현장 방문하기

◉ 6단계 '확정된 목표를 형상화해 자신의 Vision 발견하기'

– 자신의 삶에 가치 부여하기

– Vision 명함 만들기

◉ 7단계 'Vision을 세상에 알리고 약속하기'

– Vision을 주변에 널리 알려 다짐하기

– 나를 도와 줄 후견인 찾기

「청소년 Vision 설계 과정」은 이상의 7단계 프로그램을 통해 청소년이 지닌 막연한 꿈을 구체적인 목표로 끌어올리고 그 목표를 실현하기 위해 어떻게 살아야 하는지를 스스로 묻고 답을 얻을 수 있도록 설계되어 있다. 또 각 단계에서 부모가 어떤 역할을 해야 하는지 단계별 코칭이 병행되는 프로그램이다.

다음 장부터는 내 아이에게 프로그램을 적용한 사례를 중심으로 각 과정을 소개하고자 한다. 물론 아이들의 현재 상황에 따라 적용 단계에서 오랜 시간이 걸릴 수도 있고 그렇지 않을 수도 있다. 또한 아이의 성향에 따라서 큰 차이가 있을 수도 있다. 공부를 잘하는 아이의 경우 보편적으로 학습을 위한 제반 생활습관이 잘 갖춰져 있어서 조금은 수월하게 프로그램을 진행할 수 있다. 반면 우리 아이처럼 공부와 관련이 높은 생활습관이 잘 갖춰지지 않은 아이는 상당한 시간이 소요되고 다소 어려움이 있으리라 짐작한다.

이 책에서 각기 다른 상황과 특성을 충분히 고려하지는 못했다. 그러나 프로그램의 전체적인 흐름과 그에 필요한 조언, 또 필자의 경험과 아이의 변화과정을 가급적 구체적인 사례로 제시하려고 노력했다.

많은 독자들이 필자보다 자녀에 대해 더 많은 관심을 갖고 고민하고 계실 것으로 믿는다. 부디 이 책이 자녀 교육에 대한 방향을 잡는 데 도움이 되길 바란다. 독자들의 자녀 역시 긍정적인 방향으로 변화될 것이라는 믿음에서 출발한다.

2장

막연한 꿈을 구체적인
목표로 이끌어내기

분명한 목적지를 향해 걸어가는 사람은 그곳으로 가기 위한 가
장 효율적인 방법을 머릿속에 그리고, 최대한 빨리 갈 수 있는
방법을 찾아 목적지에 도달한다.

01

나 자신 **알기**

세상 이야기 들려주기

인간, 무한한 가능성을 지닌 존재

가끔씩 대중매체를 통해 사회적으로 성공한 사람들의 이야기를 접하게 된다. 그들에게는 남다른 노력 이외에도 어릴 때부터 자기 자신을 정확히 알고 있었다는 공통점이 있다. 이들은 '나는 누구인가, 또 무엇을 잘하고 어디에 흥미가 있는가?'에 대해 고민했고 누군가 네 꿈이 무엇이냐고 물어보면 어렴풋이 대답하고 마는 정도가 아니라 구체적인 목표로 꿈을 이끌어냈다. 이처럼 자신을 안다는 것은 그 자체로도 큰 의미가 있다. 스티븐 코비는 1차적 재능인

'자아의식'을 자기 자신을 아는 능력, 어떤 자극에 대해 자신이 어떻게 반응할지 선택할 수 있는 능력(response-ability)이라고 정의했다.

나 역시 마찬가지지만 부모들은 대개 자녀가 공부를 못하면 '잘하는 것이 하나도 없다'거나 '커서 뭐가 될지 모르겠다'는 등의 말들을 쉽게 내뱉는다. 그리고 그 모든 책임을 아이에게 전가한다. 하지만 분명한 사실은 우리 아이들은 충분히 가능성이 있는 존재이며 자신이 잘하고 흥미를 느끼는 일에 스스로 노력하는 자발적 본성을 소유하고 있다는 점이다. 따라서 부모에게는 아이들이 자신에게 잠재된 가능성과 자발적 본성을 스스로 이끌어낼 수 있는 환경을 만들어줘야 하는 책임이 있다. 결국 '잘하는 것이 없다'는 부모의 질책은 아이의 무한한 가능성에도 불구하고 부모가 자신의 책무를 잘해내지 못했다는 것을 반증할 뿐이다.

부모는 먼저 인간에 대한 기본적인 이해를 바탕으로 교육에 접근해야 한다. 20세기 최고의 바이올린 교습법인 '스즈키 교습법'을 창시한 음악교육자인 스즈키 신이치의 『재능교육이론』을 살펴보기로 하자. 이 이론이 자녀교육에 대한 가치관 정립에 많은 도움이 될 것이다.

첫째, 인간은 무한한 가능성을 지닌 존재이다.

인간은 태어나자마자 걷고 날고 하는 동물과 다르게 최소한의 기본적 능력 외에는 오랜 기간을 통해 발현시켜 나가야 하는 잠재 가능성만 갖고 태어났다. 이 잠재 가능성은 후천적인 환경과 경험인 교육에 의해 어떤 방향으로 어느 정도 발휘되고 실현되느냐가 결정된다. 이를 교육에 의해 변화할 수 있는 가소성이라고 하는데, '인간은 변화될 수 있는 가능성을 지닌 존재'라는 뜻이다.

변화할 수 있는 가능성은 인간이면 누구나 가지고 있는 무한한 능력이다. 그 능력이 발휘되느냐 사장되느냐는 그것을 키워 나가느냐 그렇지 못하느냐에 달려 있다. 따라서 교육은 인간이 가진 무한한 가능성을 열어주는 것이다. 잠재능력을 발현하여 스스로 문제를 발견하고 스스로 생각하며 스스로 판단하여, 스스로 해결책을 찾도록 돕는 것이 바로 교육이다.

둘째, 인간은 자발적 본성을 지니고 있다.

인간은 누구나 모르는 것에 대해 알고 싶어 하는 자발적인 호기심과 자신의 잠재력을 발휘해 가능성을 실현하고자 하는 욕구를 가지고 있는데, 이는 인간의 중요한 본성 중의 하나이다.

셋째, 교육환경의 중요성이다.

인간의 잠재능력은 환경의 영향을 받는다. 스즈키 신이치는 환경에 의해 뒷받침되지 않는 능력은 자라지 않는다고 강조한다. 인간의 능력이 환경에 의해 길러진다는 사실을 실증하는 극단적인 예가 '늑대인간'과, 들개에 의해 길들여진 아이 '옥사나'이다. '맹모삼천지교(孟母三遷之敎)' 또한 환경의 중요성을 이르는 고사로 널리 알려져 있다. 어린이의 두뇌 발달 단계에 비추어 보면 유아기부터 초등학교 시기가 아이들이 환경에 있는 모든 것을 받아들이는 학습의 적기임을 알 수 있다. 늑대인간과 옥사나의 사례는 이러한 학습의 적기에 적합한 학습 프로그램을 제공해 아이들의 잠재력을 개발하는 것이 매우 중요하다는 사실을 시사한다.

재능교육이론의 기본 철학은 '인간은 무한한 가능성과 자발적 본성에 기초하여 올바른 교육과 환경만 주어지면 얼마든지 스스로 창의적인 인재로 변화하고 발전할 수 있다'는 것이다.

지금이라도 우리 아이들의 가능성을 함께 찾아보자. 아마도 우리 아이가 강점이 이렇게 많았나 새삼 놀라게 될 것이다. 물론 아이에게 약점도 있겠지만 약점보다는 먼저 강점에 주목하길 바란다. 그러면 아이 역시 부모의 꾸지람으로 잃어버린 자아를 발견하며 자기 자신도 강점이 많고 꽤 괜찮은 사람이라고 깨닫게 될 것이다.

아이의 약점보다 강점에 주목하라

우리는 어릴 적부터 강점을 살리고 약점을 보완하라는 말을 수없이 들어왔다. 그러나 살다보면 강점보다는 약점이 부각되는 일이 더 많다. 나보다 더 좋은 강점을 가진 상대와 늘 비교당하며 정작 자신의 강점을 살리기보다는 비교대상의 강점을 따라가야 하는 상황이 많은 것도 사실이다.

웃자고 하는 이야기지만 '엄마에게 친구가 없었으면 좋겠다'고 생각하는 아이들이 많다는 이야기를 들어본 적이 있는가? 아이들은 어릴 적부터 다른 이들과 비교당하며 자란다. 그 비교대상이 주로 엄마친구의 자녀이기에 이런 말이 나왔을 것이다.

여전히 우리는 자신의 강점보다 약점에 더 신경을 쓰며 살아간다. 만약 모차르트가 이런 환경에서 자랐다면 어땠을까? 그 역시 평범한 사람이 되었을지 모른다.

사람들은 자아를 자기 내면에서 찾기보다는 다른 이들과 자기를 비교하는 가운데 찾는다. 타인이 자신을 비춰주는 거울이 되는 셈이다. 사회학자 쿨리는 그렇게 자아를 찾는 사회적인 자신을 '거울 속에 비친 자기'(Looking-glass Self)라고 명명했다. 다른 이들과 비교하면서 그들에게 비춰지는 자신(Self)의 모습을 찾다보면 자기보다 잘 생기거나 잘 나고 잘 사는 사람들이 먼저 눈에 띄게 된다. 그러면 자연스럽게 상대적인 열등감이 발동된다. 이를 '열등 콤플렉스'(Inferiority Complex)라고 한다.

이렇게 다른 아이와 비교당하며 자란 아이들은 비교의식이 자연스럽게 몸에 배어 있기 때문에 '저 친구는 저것을 잘하는데 나는 잘 못해' 라는 강박관념으로 자신을 위축시키는 경우가 많다. 그러나 그것은 그 아이이기 때문에 잘하는 것이다. 다시 말해 나에게는 분명 나만이 잘할 수 있는 강점이 있다는 것이다.

사람의 강점과 약점으로 인식되는 뿌리는 사람마다 달리 갖고 있는 재능과 기질에서 비롯된다. 누구나 자신이 지닌 재능과 기질적인 특성상 강한 면이 있고 약한 면이 있다. 물론 이는 후천적으로 계발되어 발달되어 온 것으로, 대부분 그가 자라온 환경에 의해 지금의 강점과 약점이 자리 잡히게 된 것이다.

  연령에 따라 차이가 있지만 아이의 기질적 특성을 바꾼다는 것
은 쉽지 않은 일이다. 많은 부모들이 몇 년 동안 아이의 약점을
보완하려 노력하지만 큰 효과가 없다는 것을 경험해 봤을 것이
다. 물론 아이의 약점이 무엇인지 명확히 알고 있어야 한다. 그리
고 그 약점을 관리하는 노력도 필요하다. 그러나 아이의 무궁무
진한 잠재력이 발현되기를 원한다면 약점보다는 강점에 주목해
야 한다.

  오랫동안 자녀를 지켜본 부모라면 아이가 지닌 재능과 기질을
어렵지 않게 파악할 수 있을 것이다. 물론 아이 스스로도 곰곰이
생각해볼 기회를 준다면 발견할 수 있다. 그 재능과 기질적 특성
을 기초로 아이의 강점으로 계발할 것을 찾아보자. 그리고 약점
역시 계발의 대상은 아니지만 아이가 하고자 하는 일에 큰 영향
을 줄 정도라면 미리 파악하고 대비하는 것이 바람직하다.

지금부터 아이의 강점과 약점을 명상을 통해 정리해 보자. 내 아이의 강점은 무엇이고, 약점은 무엇인지 생각나는 대로 노트에 하나씩 써내려가 보자. 처음에는 막상 잘 떠오르지 않을 것이다. 차분하게 시간을 두고 생각하는 것이 좋다. 부부가 같이 한다면 좀 더 쉽게 접근할 수 있을 것이다. 이런 과정을 진행하며 아이 스스로도 자신의 강점과 약점을 찾아보도록 하자.

기록을 마친 후에는 강점 중에 아이를 대표할 만한 것이 무엇인지 찾아보자. 보통 아이가 가장 좋아하고 잘한다고 생각하는 것이 선정될 것이다. 그리고 두드러진 약점을 찾아보자. 하지만 지나치게 약점을 의식하지는 말자. 우선 부모와 아이가 함께 발견해 보고 뒤에서 제시하는 과학적인 적성검사를 통해 좀 더 체계적으로 조사하고 점검해볼 필요가 있다.

자기보고식 성격유형지표 MBTI 검사

자신이 좋아하고 잘하는 일을 하면서 사는 사람은 생각보다 많지 않다. 이는 보다 이른 시기에 자신의 재능과 기질적 특성을 파악해 계발하지 못했기 때문이다. 자신을 정확히 알지 못하면 목표도 사실상 의미가 없다. 가장 적합한 변화 방향을 잡는 것도 쉽지 않다. 아이가 자신을 모르는데 어느 방향으로 어떻게 노력해야 한다는 말인가? 자녀를 정확히 알려고 노력하지 않는 것은 허공에 대고 지나가는 새가 우연히 맞아 떨어지기를 기대하며 돌팔매질을 하는 것과 같다. 먼저 아이를 최대한 이해하기 위해 노력하라.

부모와 아이의 판단과 과학적 조사기법의 도움을 받아 아이의 특성과 재능, 강점과 약점을 종합해 보자. 여러 가지 조사기법이 있지만 아이를 대상으로 판단하기에는 어려움이 있어 MBTI 조사기법을 활용해 보도록 권한다. 인터넷 검색 포털에서도 검사가 가능하다. 다음은 MBTI에 대한 대략적인 소개이다.

MBTI, 즉 마이어브릭스 유형지표(The Myers-Briggs Type Indicator)는 일상생활에 활용할 수 있도록 고안된 자기보고식 성격유형지표이다. 마이어브릭스 성격진단 또는 성격유형지표라고도 하는데, 1921~1975년에 브릭스(Katharine Cook Briggs)와 마이어(Isabel Briggs Myers) 모녀에 의해 개발되었다.

MBTI는 융(C.G. Jung)의 심리유형론을 이론적 근거로 한다. 이는 개인이 쉽게 응답할 수 있는 자기보고 문항을 통해 각자가 인식하고 판단할 때 선호하는 경향을 찾아낸다. 그리고 그 경향들이 행동에 어떤 영향을 끼치는지 파악하여 실생활에 응용하는 데 목적이 있다. MBTI는 1921년부터 본격적인 연구를 통해 A~E형이 개발되었고 1962년 미국 ETS(Educational Testing Service)에서 F형을 출판했다. 1975년에는 G형이 개발되었으며 이후 K형 · M형등이 개발됐다.

MBTI가 우리나라에 도입된 것은 1990년이다. 이후에 초급, 보수, 중급, 어린이 및 청소년, 적용 프로그램, 일반강사 교육과정으로 개발되었다. 성격유형은 모두 16개이며 외향형과 내향형,

감각형과 직관형, 사고형과 감정형, 판단형과 인식형 등 네 가지의 분리된 선호경향으로 구성된다. 선호경향은 교육이나 환경의 영향을 받기 이전에 잠재되어 있는 선천적 심리경향을 말하며, 각 개인은 자신의 기질과 성향에 따라 각각 네 가지의 한쪽 성향을 띠게 된다.

자녀를 정확히 이해하는 것은 아이가 가장 적합한 목표를 세우는 데 큰 영향을 준다. 사람은 누구나 다르다. 내 아이도 분명 남다른 강점을 가지고 있고 그 강점을 발견해 길러간다면 세상에 도움이 될 인재로 성장할 수 있다. 불법에 '앵매도리(櫻梅桃梨)'라는 말이 있다. 앵두나무, 매화나무, 복숭아나무, 자두나무가 모두 아름다운 꽃을 피우고 훌륭한 열매를 맺지만 그 열매의 맛과 쓰임이 제각기 다르다는 의미이다. 우리 아이들 또한 저마다 지닌 개성에 따라 자기다운 꽃을 피워 행복하게 살아갈 수 있도록 우리 부모들이 지지하고 격려해야 할 것이다. 이제부터 당신의 아이가 지닌 강점에 눈을 돌려보라.

내 아이의 이야기

청소년 비전설계 프로그램의 첫 단계는 '나 자신 알기'이다. 아이의 꿈과 현실의 차이점을 발견하고 현재 자신에게 만족하는 부분과 불만족스러운 점을 찾아 그 원인을 알아보는 과정이다. 자신의 강점을 발견하는 데 목적이 있다.

자신을 먼저 돌아보고 아이의 참여 이끌기

책머리에서 "아이가 바뀌기를 기대한다면 먼저 아버지가 바뀌어야 한다"는 말을 했다. 바로 지금부터 아버지들의 도움이 절실하다. 앞으로 진행될 모든 단계에서 아버지들이 먼저 솔선수범해야 한다. 아버지가 먼저 해보고 아이에게 아빠의 있는 그대로의 모습을 진솔하게 드러내며 조언을 해주어야 한다. 아이에게 "아빠는 변하지 않을 건데 너는 변해야 한다"고 말할 수는 없지 않은가?

1단계 '나 자신 알기'를 통해 먼저 부모 자신을 돌아보는 시간을 갖도록 하자. 우선 현재의 나에 대한 깊이 있는 성찰의 시간을 갖자. 그리고 내가 바라는 바와 현실의 차이점을 찾아보자. 그러면 자연스럽게 현재 내 자신에 대해 만족하는 것과 불만족스러운 점을 발견하게 될 것이다. 이후 불만족스러운 사안의 원인을 바로 알려고 노력해 보자. 문제의 원인을 분명하고도 구체적으로 이해하게 될 것이다. 마지막으로 자신의 강점이 무엇인지 찾아보자. 부모가 먼저 이 과정을 경험해본다면 아이와의 대화에서 충분히 공감을 이끌어낼 수 있다. 또 부모가 경험한 것을 바탕으로 아이에게 자연스럽게 프로그램에 참가할 것을 권유할 수 있다.

나 역시 아이에게 나의 자아 찾기 과정을 먼저 들려주고, 이 프로그램에 같이 참여할 의사가 있는지 물었다. 앞으로 아빠와 규칙적으로 대화시간을 갖는 정도로 이해시켜 아이가 부담을 느끼지 않도록 유의하며 참여를 유도했다. 그리고 매주 일요일 저녁 7시부터 한 시간씩 생각한 내용을 정리해서 대화하기로 아이와 약속했다.

"진성아, 다음에 얘기할 때까지 현재의 너에 대해 깊이 고민해 보기 바란다. 우선 현재 네 자신에 대해 만족하는 것과 불만족스러운 것이 무엇인지 찾아 보거라. 그리고 불만족스러운 것이 있다면 왜 그런 현상이 생겼는지 이유를 고민해 보렴. 그리고 그것을 짤막한 글로 정리해서 다음 주 일요일에 이야기해 보자."

변화를 위한 동기유발 과정 '나 자신 알기'

첫 시작은 아이에게서 변화의 동기를 이끌어내기 위한 단계이다. 변화가 왜 필요한지 스스로 느끼게 하는 것이다. 아이들은 그동안 타의에 의해 변화를 요구당해 왔다. 하지만 타의적인 압박은 일시적인 행동의 변화는 가져올 수 있어도 지속적이고 장기적인 변화를 이끌어 내기에는 한계가 있다.

　아이와 약속한 뒤 첫 일요일 저녁이 되었다. 아이가 정리한 내용을 미리 보고 싶은 궁금증이 있었지만 주중에 내용을 확인하지 않았다. 다음은 처음 아이가 가지고온 '나 자신 알기'의 내용이다.

난 지금까지 공부를 할 때 집중을 잘 하지 못하였다.
그래서 이번 시험 점수가 낮게 나온 것이라고 생각한다.
미리 집중만 아니라 노력이 부족했는지도 모른다.

최근 학원에서 집중을 하려고 노력을 하지만 중간고사 시험을 망쳤다.
기말시험을 잘 보고 싶은데 내 생각과는 달리 우선 놀고 싶은 생각이 먼저이다.
이런 내 행동 때문에 시험을 못 보는 것이다.
공부를 잘해야 하는데 공부는 너무 하기가 힘들어서,
아니 내 의지가 약한지도 모른다.
기말 시험을 잘 보고 싶다.

고칠 점 : 1. 공부할 때는 집중하자!

2. 책을 읽자!

3. 평일엔 1시간 이상 TV를 보지 않겠다.

그래서 나는 여기 있는 3가지 고칠 점을 꼭 지키겠다.

아내와 같이 아이의 생각을 직접 듣는 시간을 가졌다. 아이는 자신의 문제와 불만족스러운 점, 그리고 원하는 바에 대해 또박또박 읽었다.

"그래, 진성이 네가 그런 생각을 하고 있다는 걸 아빠가 이제야 알아서 미안하구나. 진성이도 공부를 잘하고 싶어서 고민하고 있다는 것을 잘 알 것 같다. 그런데 진성이는 목표가 무엇이니?"

이 질문에 아이는 아무런 대답을 하지 못했다. 예전에 이런 질문을 하면 곧바로 "정형외과 의사요"라고 당당하게 말했었는데, 성장하면서 그런 자신감이 사라진 모양이다. 물론 아이가 초등학생이었을 때 가졌던 막연한 꿈이었다.

"진성아, 내가 어떤 삶을 살 것인가를 정하지 않고 살아가는 것은 마치 목적지 없이 항해하는 배의 선장과 같단다. 선장이 항해를 하는데 목적지가 없으면 어떻겠니?"

"아마 헤매고 돌아다닐 것 같은데요."

"그래, 정말 그렇겠다. 네 말대로 헤매고 다니는 선장이 되겠다. 하하"

처음의 어색하고 딱딱했던 분위기가 약간 부드러워졌다. 예전 같으면 이 시점에서 아이의 잘못을 훈계하고 일방적으로 아빠가 원하는 것을 지시하고 마무리 지었을 텐데, 오늘은 좀 이상하다고 느끼는 듯했다. 갑자기 '헤매고 다니는 선장 이야기'가 나오니 말이다.

"진성이의 말처럼 목적지가 없는 선장은 항해를 하지만 갈 곳이 명확하지 않으니 자기가 올바른 방향으로 가는지, 잘못된 방향으로 가는지 모르겠구나. 그리고 부지런히 가야 할 이유도 없겠지. 그러니 가는 길에 관심을 끄는 볼거리가 있으면 쉬어가고 세월아, 네월아 하겠다. 다시 말해 이런 저런 유혹에 잘 빠지지 않겠니?"

아이는 내가 무엇을 말하려는지 어느 정도 이해하는 것 같았다.

"진성아, 한 가지 더 있어. 목적지가 분명한 선장은 열심히 항해해서 목적지에 도달하면 기분도 좋고 자기가 고생해서 뭔가 이루었다는 성취감을 맛볼 수 있어. 목적지에 도달했으니 돈도 두둑이 벌겠지. 하지만 그렇지 못한 선장은 바다를 떠돌다 우연히 어느 항구에 들어갔다 해도, 성취감이나 보상은 전혀 받을 수 없을 거야. 아빠가 생각하기에 진성이는 아직 목적지 없이 헤매는 선장이라는 생각이 든다. 그러니 진성이가 스스로 문제라고 여기는 행동을 계속 반복하게 되는 것이 아닐까? 목적지란 바로 진성이 네가 하고 싶은 일이야. 하고 싶은 일이 무엇인지 정확히 알게 되면 너도 그 목적지를 향해 열심히 항해하게 될 거야!"

아이의 강점을 함께 찾고 격려하기

나는 잠시 후 아이에게 스스로 느끼는 자신의 강점이 무엇이라고 생각하는지 물었다. 아이는 한동안 대답을 하지 못하다가 자그마한 목소리로 "저는 친구들이 많고 친구들 중에 어려워하는 아이가 있으면 도와주고 싶고, 도움도 주고 있어요. 그리고….." 더 이상 대답을 하지 못한다.

우리 부부는 진성이가 이 말을 꺼내기 전에 아이의 강점에 대해 서로 이야기를 했었다. 진성이는 착하고 리더십이 있으며 대인관계가 좋은 아이라는 결론에 이르렀다. 사실 약점보다는 강점이 더 많은 아이임에도 그동안 부모로부터 질책과 꾸중만 듣다보니 자신에게 많은 강점이 있다는 사실을 잊어버린 것이 틀림없다.

"아빠 엄마가 볼 때 진성이는 그것 말고도 강점이 너무 많단다. 붙임성이 좋아서 가끔 엄마가 '우리 진성이는 어느 곳에 데려다 놓아도 잘 살 거야'라고 말하기도 한단다. 인사성 밝고 예의 바르고 어린아이들과도 잘 놀아주지. 그림도 잘 그리는 편이고 시도 잘 써. 초등학교 때 쓴 동시는 엄마가 보기에도 참 기발해서 정말 놀랐단다. 너에게는 이렇게 많은 강점들이 있어. 대단하지 않니?"

아내가 거들고 나서자 진성이의 표정이 조금 밝아졌다.

그리고 우리 부부가 정리한 아이의 기질적 특성을 들려주고 아이가 생각하는 자신의 강점을 같이 들어보는 시간을 가졌다.

아들의 기질적 특성

- 리더십이 강함. 대인관계를 중시함. 어려운 형편의 친구를 배려하
  고 정이 깊음. 착하고 순수함.
  정의감이 있음. 외향적이나 내면은 내성적, 주변머리가 좋음. 게으
  른 편. 자기가 좋아하는 것에 빠짐.
  (공부에는 뒤늦게 빠질 것 같음)

MBTI 검사로 프로그램에 대한 흥미를 높이다

나는 MBTI 검사를 아이에게 권해보기로 했다. 먼저 내 검사결
과지를 보여주었더니 흥미를 느끼는 듯했다. 물론 학교에서도 검
사한 경험이 있을 수 있다. 그렇다 하더라도 가족이 함께 심리검
사를 한다는 것은 아이의 참여를 이끄는 데 긍정적 영향이 크다.
따라서 가급적이면 부모가 먼저 검사를 해보는 것이 좋다. 성인
을 대상으로 하는 심리검사 기법으로는 MBTI 외에도 에니어그램
이 있다. 인터넷에서도 검사가 가능하다. 그리고 마커스 버킹엄,
도널드 클리프턴의 저서 『위대한 나의 발견, 강점 혁명(Now,
discover your strengths)』에서 제시하는 자기 발견 프로그램 '스트렝
스 파인더(Strengths Finder)'를 통해 자신의 재능과 강점을 발견할
수도 있다.

다음은 우리 아이의 MBTI 검사 결과지의 일부다. 핵심적인 내용만 참고로 소개한다.

ENTP(발명가형)

독창적이며 창의력이 풍부하고 넓은 안목을 갖고 있다. 다방면에 관심과 재능이 많다. 풍부한 상상력을 지녔으며 새로운 일을 시도하는 일에 솔선수범한다. 새로운 문제나 복잡한 문제 해결 능력이 뛰어나고 논리적이며, 사람들의 동향에 대해 기민하고 박식하다.

그러나 일상적이고 세부적인 일을 경시하고 태만하기 쉽다. 즉 새로운 도전이 없는 일에는 흥미가 없고 관심을 갖고 있는 일에는 대단한 수행능력을 가지고 있다.

발명가, 과학자, 문제 해결사, 저널리스트, 마케팅, 컴퓨터 분석 등에 탁월한 능력이 있다. 때로는 경쟁적이며, 현실보다 이론에 더 밝은 편이다.

♣ 일반적인 특성 ♣

한 번 들은 얘기를 또 듣는 것을 싫어한다.

여자인 경우 치마를 두른 남자 같다.

마음만 먹으면 못하는 것이 없다.

굉장히 다재다능하고 능력이 있다.

초 · 중 · 고등학교의 규칙생활이 힘들 수 있다.

일상적인 일에 쉽게 싫증을 느낀다.

인간관계가 자유롭다.

관심분야에는 대단히 박식, 관심 없는 분야에 대해서는 대단히 무식.

항상 새로운 것을 추구한다.

다른 누구의 권유나 참견을 질색한다.

자기의 판단에 따라 행동한다.

끈기 있게 한 가지 일에 몰두하지 못한다.

말은 나오는 대로 거침없이 쏟아낸다.

처음 보는 사람과도 금방 친해진다.

팔방미인, 눈썰미가 좋다.

길게 설명하는 걸 짜증낸다.

♣ 개발해야할 점 ♣

말을 할 때 저 사람이 어떻게 느낄까 먼저 생각하는 것이 필요

일의 끝 마무리에 대한 인내심이 필요

타인에 대한 칭찬, 격려, 인정이 필요

물론 실제검사에서는 더 자세한 결과를 확인할 수 있다. 검사결과는 실제 아이의 특성과 80% 가량 일치한다고 보며 아내도 대부분 일치한다는 의견을 보였다.

다음은 필자의 '스트렝스 파인더(Strengths Finder)' 검사결과, 나에게서 가장 두드러진 5가지 테마를 정리한 보고서이다. 상세 보고서는 지면 사정상 생략했지만 상당히 자세하게 기록되어 있어 자신의 강점을 발견하는 데 귀중한 참고자료가 된다.

나의 대표 테마들

Maximizer 최상주의자　테마에 강한 사람들은 개인과 집단의 우수성을 자극하는 일종의 방법으로 강점에 초점을 둔다. 이 사람들은 우수한 것을 최상의 것으로 만들려고 한다.

Individualization 개인화　테마에 강한 사람들은 각 사람의 고유한 속성에 매료된다. 이 사람들은 서로 다른 사람들이 어떻게 함께 생산적으로 일할 수 있는가를 알아내는 재능이 있다.

Learner 학습자　테마에 강한 사람들은 배우고 계속 진보하려는 열망이 강하다. 특히 이 사람들은 결과보다는 학습 과정에 흥미를 느낀다.

Achiever 성취자　테마에 강한 사람들은 정력이 넘치고 열심히 일한다. 이 사람들은 바쁘고 생산적인 것에 큰 만족을 얻는다.

Arranger 정리주의자　테마에 강한 사람들은 조직력이 있지만 이 능력을 보완하는 유연성도 있다. 이 사람들은 모든 단편들과 자원들이 어떻게 조직되어야 최대의 생산성을 얻을 수 있는지 알아내기를 좋아한다.

2단계를 앞두고 : 내가 꿈꾸는 직업 리스트 만들기

"진성아, 아빠와 이런 검사를 해보니 어때?"

"재밌어요. 검사결과지를 보니 제 성격이랑 같은 부분도 있는 것 같고, 아닌 것도 있는데. 아무튼 재밌네요."

아이는 평소와 다른 방식의 대화와 자신이 참여할 수 있는 분위기에 긍정적인 느낌을 받은 모양이다.

"오늘 정말 잘했다. 수고 많았어. 다음 주 일요일에 다시 만나자. 그때는 진성이가 하고 싶은 일이 무엇인지 생각해 보고 이야기해 보자. 하고 싶은 일이라면 막연할 수 있으니까 네가 희망하는 직업을 3~5개 정도 고민해서 찾아보렴. 선정할 때 진성이의 강점을 최대한 살릴 수 있는 직업이면 더 좋겠다. 구체적으로 조사는 못하더라도 깊이 고민해 보고 그 직업을 선정한 이유를 명확히 해야 한다."

"네, 아빠"

"직업의 종류는 엄청나게 많아. 사실 우리가 아는 것은 아주 제한적이지."

나는 사전에 조사한 통계청 홈페이지의 '한국표준직업분류' 페이지를 알려주고 그날 이야기를 마무리했다.

아이와의 첫 대화는 기대 이상이었다. 부족한 점도 있지만 아이와 오랜만에 대화하면서 함께 시간을 보냈다는 자체만으로도 큰 진전이다. 진성이에게도 자신에 대해 고민할 기회를 가졌다는 점에서 의미가 있을 것이다.

02

내가 희망하는
직업 찾기

세상 이야기 들려주기

오늘의 유망 직종, 내일도 유망할까?

부모는 아이들이 직업에 대한 올바른 이해를 갖도록 이끌어주어야 한다. 특히 자녀가 직업을 단순히 돈벌이 수단으로 인식하지 않도록 유의해야 한다. 무엇보다 일을 통해 다른 사람에게 유익함을 줌으로써 보람을 느끼고, 성취감을 맛볼 수 있는 것이 중요하다. 또 일을 통해 스스로의 능력을 한층 성장시키고 발전시켜 나갈 수 있다는 점을 아이에게 인식시켜야 한다.

지구상에는 수많은 직업이 존재한다. 사전에 아이들에게 다양한 직업을 소개해주는 시간을 가질 필요가 있다. 사회가 급속도로 변해감에 따라 부모 세대가 인지하지 못하는 직업군이 새롭게

생겨나고 있다. 또 아이들이 성장해 직업을 선택할 시기에 유망한 직업이 있는가 하면, 존재 자체가 사라질 가능성이 높은 직업군도 존재한다. 따라서 부모는 이러한 사실을 미리 염두에 두고 아이가 적합한 직업을 선택하도록 조언해야 한다. 부모는 새롭게 펼쳐지고 있는 직업세계의 특징을 조사해보고 미래 트렌드에 대해 숙지한 상태에서 아이와 대화를 해야 한다. 인간이 존재하는 한 사라지지 않을 직업도 있지만 시대의 변화에 따라 사라지거나 새로이 생겨날 직업 역시 존재한다. 다시 말해 현재 유망한 직업으로 각광받지만 미래에는 사라질 직업도 있다. 따라서 한때의 유행에 잘못 편승해 직업을 선택할 경우 아이의 장래에 큰 혼란을 줄 수 있다는 점을 고려해야 한다.

우리나라 직업구조 및 실태에 맞도록 직업을 표준화한 것이 '한국표준직업분류' 이다. 자세한 내용은 통계청 홈페이지(www.

nso.go.kr)를 통해 알아보도록 하자. 사이트에 들어가면 직업분류뿐 아니라 각 직업의 주요업무까지 개략적으로 살펴볼 수 있다.

어린이 직업체험 테마파크, 깃자니아 동경

이 책을 쓰며 아쉽게 생각하는 점은 아직까지 우리나라에는 어린이에게 직업교육을 하는 기관이나 시설이 없다는 것이다. 이에 비해 일본에는 '깃자니아 동경'이라는 어린이 직업체험 테마파크가 있다. 우리가 생각하는 놀이 중심의 일반 테마파크와는 차이가 크다.

2006년 10월 일본 동경 고토구(江東)에 독특한 테마파크 '깃자니아 동경'이 개장했다. 이곳에서 어린이들은 소방대원이나 승무원, 의사, 간호사, 경찰, 파일럿 등 50여 개 직업을 체험해 볼 수 있다. 가상의 거리에 50개의 직업체험 파빌리온(Pavilion)이 설치되어 있어 어린이들이 직업체험을 통해 쇼핑하거나 각종 서비스를 받을 수 있게 했다. 어린이들에게 일의 보람과 즐거움을 느끼게 해주고 경제교육을 하려는 취지에서 마련된 것이다.

깃자니아는 1999년 멕시코에서 탄생해 연간 80만 명 이상이 방문한다. 기업 등의 협찬을 통해 병원, 건설현장, 신문사, 치과의원, 여객기, 극장 등이 배치되어 있다. 어린이들은 소방대원 복장을 하고 연기 나는 공장의 가상 화재현장 세트에서 화재진압도 해보고 경찰관이 되어 은행의 강도 미수사건을 해결하기 위해 어른 은행원들을 조사하며 흉기의 지문채취를 하는 등 직접적인 체험을 할 수 있다.

직업체험 시 '깃조'라고 불리는 전용통화로 급료를 받고 테마파크 내의 백화점에서 상품을 구입하거나 은행체험관에서 번 돈을 맡기고 이자를 받을 수 있으며, 현금카드도 만들 수 있다. 일반 은행처럼 ATM 기기도 설치되어 있어 카드를 이용해 현금을 인출할 수도 있다. 이밖에 주유소 주유원 체험도 있다.

이런 직업체험을 통해 아이들은 돈을 버는 것이 쉬운 일이 아니라는 것을 알게 되고 부모의 고생과 노력 덕분에 경제적인 혜택을 받고 있다는 걸 자연스럽게 깨닫게 된다.

어린이들이 평소 흥미를 느끼던 직업을 직접 체험해봄으로써 관심을 구체화하는 데 큰 도움이 될 것이다. 참으로 독창적인 경제교육이라고 생각한다.

직업 선택, 무엇이 핵심인가

성인 중에 자기가 정말 원하는 직업을 선택해서 일하고 있다고 생각하는 사람은 극히 드물다. 대부분의 사람들은 어릴 적부터 자신이 희망하던 직업을 염두에 두지 않고 막연히 공부에만 집중한다. 그러다 대학을 졸업할 무렵부터 고민하기 시작한다.

변화경영 전문가 구본형은 저서 『그대, 스스로를 고용하라』에서 직업의 가치를 결정하는 두 가지 중요한 기준을 제시한다. 그 중 하나는 자신이 그 일을 좋아하느냐는 것이고, 다른 하나는 얼마나 벌 수 있느냐는 것이다.

　사람들은 좋아하는 일을 하며 살기를 진심으로 바란다. 또 그 일을 하면서 충분한 보상을 받을 수 있기를 바란다. 그러나 두 가지를 다 만족시키는 첫 번째 등급의 직업을 가지고 있다고 믿는 사람은 아주 적다. 두 번째 등급의 직업은 '아직 돈도 명예도 따라 오지 못하지만 미친 듯이 하고 싶은 일을 할 수 있는 직업'이다. 세 번째 순위의 직업은 사회적으로 좋은 직업으로 알려져 '돈은 잘 벌지만 별로 빠져 들지 못하는 직업'이다. 가장 신통치 못한 네 번째 등급의 직업은 '하고 싶은 일도 못하면서 돈도 못 버는 직업'이다. 특이한 것은 많은 사람들이 네 번째 등급의 직업을 가지고 살고 있다는 사실이다.

　부모들에게 자신의 자녀가 위의 네 가지 직업 중 어떤 직업에 종사하기를 바라는지 묻고 싶다. 아마도 거의 대부분의 부모들이 자녀가 첫 번째 등급의 직업을 갖기 원할 것이다. 자녀가 좋아하는 일을 즐겁게 하면서 보상 또한 충분히 받기를 원하지 않는 부모가 이 세상에 있을까? 이제 이런 관점에서 아이와 더불어 다양한 직업세계에 대해 알아보고 어떤 직업을 목표로 미래를 설계할 것인지 고민해보자.

　미국인의 경우 사회생활을 하면서 평균 11회 정도 직장을 옮기는 것으로 조사된 바 있다. 보통 3~4년에 한 번은 이직을 한다는 것이다. 이처럼 한 직장에서의 근무기간이 중시되던 문화는 서서히 자취를 감춰가고 있으며, 업(業) 중심의 직업관이 급속히 자리

잡아 가고 있다.

우리나라에서도 갈수록 이런 현상이 일반화할 것이다. 우리 세대만 해도 직장을 중시하는 사고를 가지고 있으며, 한 직장에 장기 근속하는 것을 당연하게 여기며 살아왔다. 하지만 최근 입사하는 젊은 세대는 다른 가치관을 가지고 있다. 일정기간 경력을 쌓으면 그 경력을 바탕으로 더 나은 직장으로 주저 없이 떠나간다. 이제 특정 직장을 목표로 하는 시대는 지났다. 따라서 평생에 걸쳐 어떤 업에 종사할 것인지 목표를 세우는 것이 중요하다. 이러한 현상도 아이의 직업선택 시 고려해야 할 사항이다.

내 아이의 이야기

2단계는 '내가 희망하는 직업 찾기' 과정이다. 직업이 갖는 가치와 의미를 이해하고 다양한 직업군(미래 유망직업군)을 알아보면서 시야를 넓히는 활동이다. 활동 후에는 아이가 도전해보고 싶은 직업 리스트를 3~5가지 정도로 압축하여 해당 직업에 대한 기본적인 조사를 한다. 또 그 직업에 종사하기 위해서 갖춰야 할 요건을 살펴보면서 스스로의 강점과 약점은 무엇인지 찾아보는 과정이다.

기대에 못 미치는 아이의 생각도 존중하기

다시 약속한 일요일이 되었다. 이제는 제법 아이와 거리낌 없이 대화를 주고받을 수 있는 자연스러운 분위기가 되었다. 나는 먼저 진성이에게 직업이 갖는 의미에 대해 설명해 주었다.

"진성아, 직업은 단순히 돈을 버는 수단이 아니야. 그 일을 통해 스스로 성취감을 느끼고 내가 그 일을 함으로써 다른 사람에게 도움이 된다는 보람을 느끼는 것도 소중해. 사람이 태어나 일을 갖지 못하는 것처럼 불행한 것은 없단다. 그만큼 진성이가 도전하고 싶은 직업을 찾는 것은 소중하고 의미 있는 일이야. 이제 진성이 생각을 한번 들어볼까?"

아이는 전에 없이 자신 있는 어투로 자기 생각을 말하기 시작했다. 아이가 정리해온 내용을 먼저 살펴보자.

내가 하고 싶은 일

1. 의사

이유 : 내가 교통사고를 당했을 때 의사라는 직업이 너무 좋고 멋지게 보여서 내가 지금까지 하고 싶은 직업 중 가장 하고 싶은 일이다.

2. 경찰

이유 : 최근 드라마에서 경찰이라는 직업이 멋지고 값진 일이라는 것을 알았다. 그리고 경찰은 여러 사람에게 존경을 받는 직업 같아서 나는 경찰이 의사 다음으로 좋다고 생각한다.

3. 요리사

이유 : 나는 요리하는 것을 좋아하기 때문에 요리사를 하고 싶다. 그런데 요리하는 것은 좋아하지만 요리사는 아주 유명하지 않으면 존경을 받을 수 없기에 요리사는 별로 선호하지 않는다.

4. 가게운영

이유 : 가게를 개인으로 운영하면 수입은 매일 보장되지 않지만 우선 편하고 나름대로 좋을 것 같다는 생각이 든다. 가게를 내가 운영하면 보람도 있을 것이고 흥미와 재미를 느낄 것이다.

아이의 이야기를 들으면서 진성이가 몸이 자라나는 것처럼 정신적으로도 성숙해져 가고 있다는 느낌이 들어 한편으로 뿌듯했다. 하지만 그동안 아이의 이런 생각들에 대해 들어주지 못했던 무심함을 다시 한 번 반성하게 되었다.

"꿈이 뭐야?" 또는 "뭐가 되고 싶어?" 이런 질문은 누구나 쉽게 던질 수 있다. 그럴 때마다 대부분의 아이들은 부모를 기분 좋게 하기 위해서 막연한 꿈을 이야기하곤 한다. 연령별로 차이가 있지만 보통 어릴수록 그 꿈은 원대하다. 물론 커갈수록 조금씩 위축되어가는 것을 발견하게 된다.

이 단계에서 부모는 자녀의 생각을 존중해주고 칭찬을 아끼지 말아야 한다. 아이들이 자신의 꿈에 대해 조사하거나 생각해온 내용은 사실 부모의 기대에 못 미치기 마련이다. 하지만 그렇다고 해서 실망감을 표현해서는 안 된다. "나는 네가 판사 정도는 되었으면 하는데, 고작?" 이런 말이 나오는 순간, 아이는 다시 마음을 닫게 될 것이다.

또 우리 아이처럼 직업에 대한 이해가 편협하거나 피상적인 경우가 대부분일 것이다. 아이들이 일면만 보고 직업을 판단하는 것은 어쩌면 당연한 일이다. 지금까지 그런 생각을 해본 일이 없기에 자신들이 본 것을 토대로 느낀 점이 전부라고 생각할 수 있다. 이 단계에서는 이런 점을 이해해주고 바로 문제점을 지적하는 일이 없도록 유의해야 한다. 다음 단계에서 충분히 해결할 수 있는 문제이기 때문이다.

3단계를 앞두고: 무엇을 기준으로 직업을 선택할까?

나는 대화를 마무리하기 전에 앞서 언급한 '직업의 가치를 결정하는 두 가지 중요한 기준'에 대해 아이에게 몇 가지 조언을 해 주었다. 또 아빠가 왜 리더십 컨설턴트가 되어 청소년리더십센터를 설립하는 것을 미래의 직업으로 선정했는지도 같이 설명했다. 물론 나의 기준이 아이가 직업을 선택하는 기준과 차이가 있을 수 있다. 단지 아이가 생각하는 데 도움을 주기 위해 제시한 것이다.

내가 40대 초반에 평생 직업을 선정하게 된 준거 기준은 아래와 같다.

첫째, 현재의 삶의 연속성에 기반을 둔 일

둘째, 내가 가장 좋아하는 일

셋째, 평생 직업이 가능한 일

"아빠는 회사에서 18년 가량 수많은 사람들과 함께 일해 왔단다. 회사생활을 통해 종종 리더십을 발휘할 기회를 가질 수 있었어. 또 아빠가 많은 강의를 해왔다는 것을 너도 알거야. 강의를 하는 시간은 정말 아빠에게 가장 행복한 시간이었어. 강의를 준비하는 과정부터 강의 중에 느끼는 교육생들과의 교감, 이 시간들이 아빠는 정말 좋았고 큰 보람을 느꼈단다. 그리고 청소년을 대상으로 리더십센터를 운영하겠다고 결정한 이유는 아빠가 18년간 교육회사에서 쌓아온 소중한 경험을 살리고 싶었기 때문이야. 물론 중요한 이유가 하나 더 있어. 그것은 이 직업이 나이가 들어서도 얼마든지 계속할 수 있고 내가 노력해서 전문가로 인정받으면 안정된 수입과 사회적인 존경도 받을 수 있다고 생각했기

때문이야. 말하자면 내 능력에 대한 보상이 충분히 이루어질 수
있다는 것이지."

아이는 고개를 끄덕이며 내 말을 경청했다. 그리고 아빠 역시 많
은 고민을 하고 있다는 것을 이해하는 듯 진지한 표정을 지었다.

"진성아, 아빠는 현재 직업을 가지고 있고 지금의 직업에 만족
하며 살고 있단다. 단순히 비슷한 일을 하는 다른 직장으로 옮기
고 싶은 마음은 없어. 그렇지만 아빠가 새로운 목표를 세워 노력
하는 이유는 평생 즐겁게 일하고 싶어서야. 아빠의 힘이 허락하
는 때까지는 일을 통해 삶의 보람을 느끼며 살고 싶단다. 진성이
가 일차적으로 4개의 직업을 선정했는데, 아빠가 기준을 세워 미
래의 직업을 선정했듯이 네게도 뚜렷한 기준이 있어야 할 것 같
아. 어떤 기준을 세워야 할까? 예를 든다면 진성이가 가장 좋아하
는 일을 기준으로 삼는 건 어때?"

아빠가 직업을 선택했던 기준을 참고해 아이 스스로 그 기준을
고민해 보도록 도와주었다.

"더 깊이 있게 고민해보고 두 가지 정도로 줄여서 다음 주 일요
일에 아빠와 다시 이야기하자."

03

최종 목표 직업 선택하기

세상 이야기 들려주기

목표를 명확히 관리하면 소망을 이룰 확률이 높다

우리는 인생을 살아가며 크거나 작은 목표를 꾸준히 만든다. 그리고 그 목표를 달성하기 위해 계획하고 실천을 통해 하나하나 목표를 이뤄간다. 물론 현실적인 목표를 설계하고 구체적인 계획대로 실천한다고 해서 모두 목표에 도달하는 것은 아니다. 그러나 목표가 있는 사람과 없는 사람의 차이는 실로 엄청나다.

분명한 목적지를 향해 걸어가는 사람은 그곳으로 가기 위한 가장 효율적인 방법을 머릿속에 그리고, 최대한 빨리 갈 수 있는 방법을 찾아 목적지에 도달한다. 반면 목적지 없이 길을 걸어보자. 아무 생각 없이 발 닿는 대로 걷는 것이다. 발은 열심히 앞으로

움직이는데 어디로 가는지 모른다. 막연히 길을 가다 어떤 흥밋
거리가 있으면 가던 길을 잊고 거기에 내 몸과 마음을 빼앗겨 버
리지 않는가.

　인간의 소망을 주제로 연구해온 예일대학의 어느 교수가 어느
날 학생들에게 미래의 소망에 대해 발표해 보라고 했다. 그리고
그 소망을 어떻게 관리하고 있는지 물어보았다. 97%의 학생들이
자신의 소망을 머릿속에 간직하고 있다가 이따금 떠올려 본다고
했다. 그리고 나머지 3%의 학생들은 자신의 소망을 글로 써서 간
직하고 수시로 들여다 본다고 했다.

　교수는 20년 후, 그 학생들을 대상으로 소망의 성취 여부를 조
사했다. 97%에 해당하는 학생들은 소망을 이루는 데 실패하거나
다른 소망으로 바꿔 살아가고 있었다. 그러나 3%에 해당하는 학
생들은 모두 자신의 소망을 이루어 살아가고 있었다. 사회적 기
여도를 측정해본 결과 놀랍게도 3%에 해당하는 학생들의 사회

기여도가 97%에 해당하는 학생들의 전체 기여도를 능가했다. 이처럼 목표가 명확한 사람은 그만큼 자신의 목표를 향해 정방향으로 매진할 수 있기 때문에 원하는 소망을 이룰 확률 역시 높다는 것을 알 수 있다.

부모 자신부터 인생의 목표가 무엇인지 돌아보라

성인의 경우 인생의 목표를 얼마나 구체적으로 설정해 살고 있다고 생각하는가? 국내에서 조사된 자료를 보면 인생의 목표를 막연하게나마 가지고 있는 사람은 20%였고, 명확한 목표를 가지고 실천하는 사람은 조사 대상의 3%에 지나지 않았다. 인생의 비극은 목표를 달성하지 못한 데 있는 것이 아니라 이루려고 하는 목표 자체가 없다는 데 있다.

우리는 모두 성공적인 인생을 살고 싶어 한다. 그렇다면 어떤 것이 참된 성공일까? 무엇을 성공이라 생각하느냐는 그 사람이 가진 가치관에 따라 다를 수 있다. 다음은 미국에서 덕망있는 목사로 존경받는 로버트 슐러 목사의 말이다. 깊이 음미해보기 바란다.

성공이란 단지 승부에서 이기는 것인가? 아니다.

성공은 어디까지나 과정이지 점수판의 기록이 아니다. 시합에서 졌지만 "정말로 열심히 했다. 후회는 없다"고 자랑스럽게 말할 수 있는 사람이야 말로 멋진 승자인 것이다.

성공이란 목표를 향하여 돌진하는 것인가? 그렇다.

단지 목표에 도달하는 것이 아니라 기회를 최대한 살려 매일매일 자기의 가능성을 발휘하는 것이다.

성공이란 문제를 해결하고 난관을 극복하는 것인가? 그렇다.

성공이란 끝이 없는 과정이다. 하나의 문제를 해결하면 다음 문제가 발생하고, 하나의 벽을 넘으면 다음 장애가 나타난다. 계속되는 과정 속에서 얼마나 매력적이고 우아하게 적극적으로 대처하느냐가 중요하다.

성공이란 부와 명성을 얻는 것인가? 그렇기도 하고 아니기도 하다.

재산이나 명성은 남을 돕기 위한 수단이 되어야 한다. 이기적인 야심으로 가득 차 있다면 성공한 듯 보이면서도 실패인 경우가 많다.

성공이란 풍요로움이다. 건강을 유지하고 창의력을 발휘하며 가능성을 찾고 남을 도울 줄 아는 풍요로운 마음을 가질 때, 참된 성공이 오는 것이다. 이런 이유에서 성공자보다 실패자가 많은지 모른다.

사랑하는 당신의 아이에게 목표를 이야기하기 전에 자신의 삶에 대해 먼저 생각해보라. 자신이 인생을 살아가는 원칙과 가치 그리고 삶의 목표가 무엇인지 자문해보자. 부모가 먼저 인생목표

를 세워보고 인생의 목표를 세우는 일이 왜 중요한지 자녀에게
이야기하자.

목표관리를 강화하려면

카네기는 "성공을 간절히 원하고 노력하고 있지만 일이 제대로
되지 않는 것은 방법이나 마음가짐이 잘못됐기 때문이다. 상세한
계획과 목표 달성을 위한 마음가짐을 항상 강화시켜야 한다"고 말
했다. 다음은 카네기가 제시하는 성공 비결이다.

첫째, 우선 원하는 목표를 자신의 마음속에 명확하게 그려두어
야 한다. 그 목표는 막연하지 않고 정확한 것이어야 한다.

둘째, 그 목표를 위해 무슨 일을 할 것인지 확실히 정해야 한다.
감나무 밑에서 감이 떨어지기만을 기다리고 있거나 막연히 어떻
게 되겠지 하는 식이어서는 안 된다.

셋째, 그 목표를 언제까지 달성하겠다는 기일을 스스로 확정해
야 한다.

넷째, 계획은 즉시 실행에 옮겨야
한다. 준비가 좀 미흡하더라도
실행을 늦추는 핑계로 삼아
서는 안 된다.

다섯째, 목표를 언제, 어
느 정도까지 달성하겠다는
식의 단계 설정을 정확히

해야 한다.

여섯째, 그 계획을 적어도 하루에 두 번씩은 읽고 다짐해야 한다. 아침에 일어나 소리 내어 읽는 것도 좋다. 이런 반복의 과정을 거치면서 계획이 마음 깊이 자리잡혀 생활철학이 되어야 한다.

자녀들은 여러 종류의 목표를 설계하겠지만 그 중에서 특정 직업을 정해 목표로 설정하는 과정이 중요하다. 우리나라만 해도 수많은 직업군이 존재한다. 그 각각의 직업들은 저마다 서로 다른 특성이 있고 또 그 직업을 갖기 위해 필요한 조건들이 있기 마련이다.

특히 요즘과 같이 변화가 심한 사회에서는 직업에 대한 인식 역시 빠르게 달라지고 있다. '직장' 이라는 개념에서 '직업' 이라는 개념으로의 변화가 우리사회에서도 급격히 일고 있다. 우리 아이들이 성장하면서 이것은 아주 보편적인 진리가 될 것이다.

존 록펠러 3세는 이런 이야기를 한 적이 있다.

행복으로 가는 길에는 두 가지 간단한 원칙이 있다. 첫째, 내 흥미를 끄는 것이 무엇이며 잘할 수 있는 것이 무엇인지 찾아내야 한다. 그 다음에는 두 번 째로 내 모든 것을 쏟아 부어야 한다. 내가 가진 힘과 소망과 능력을 모두 다 말이다.

아이들의 직업목표를 선정할 때 참고하길 바란다. 물론 부모 각자의 가치관과 아이의 특성을 고려해 기준을 세우는 것이 중요하다.

내 아이의 이야기

이제 3단계 '최종 목표 직업 선택하기' 이다. 아이가 목표로 하는 직업을 1~2개로 압축하고 그 직업을 선정한 이유를 분명히 한다. 그리고 그 직업을 위해 갖춰야 할 요건에 대해 조사하는 과정이다.

토의를 통해 목표 직업 선택하기

일주일 동안 아이는 많은 시간을 투자해 자료를 찾고 고민을 한 것 같다. 처음 하는 조사라 궁금한 것이 많았는지 주중에도 종종 질문하곤 했다. 진성이가 조사한 내용은 부족한 점이 많았다. 하지만 이런 과정을 거치며 막연한 생각을 조금씩 구체화시킬 수 있을 것이다. 한 번에 원하는 수준까지 가려고 욕심을 내면 오히려 부정적인 반응이 나타날 수 있으니 유의하기 바란다.

내가 하고 싶은 일 두 가지

경찰

1. 신체조건

체격 : 국·공립병원 또는 종합병원에서 실시한 경찰공무원채용
신체검사 및 약물검사 결과 건강상태가 양호하고 사지가 완
전하며 가슴·배·입·구강·내장의 질환이 없어야 한다.

시력 : 시력(교정시력을 포함한다)은 각각 0.8 이상이어야 한다.

키 : 167cm 이상이어야 한다.

몸무게 : 57kg 이상이어야 한다.

청각 : 정상이어야 한다.

혈압 : 고혈압(수축기혈압이 145mmHg을 초과하거나 확장기혈압
90mmHg을 초과하는 것) 또는 저혈압(수축기혈압이
90mmHg 미만이거나 확장기혈압이 60mmHg 미만인 것)이
아니어야 한다.

기타 : 태권도 단이 있으면 가산점을 받고 운전면허증이 있어야
한다. 그리고 워드프로세서 1급이나 컴퓨터 활용 능력
1·2급 등을 취득 하면 가산점이 있다. 학업 성적이 좋아
야 하며 특히 영어를 잘해야 한다.

2. 경찰 업무의 종류

강력범죄수사팀 : 살인, 강도, 강간, 방화 등 강력범죄를 붙잡거

나 수사하는 경찰

지능범죄수사팀 : 사기나 횡령, 배임 등 지능범죄에 대해 수사
하는 경찰

마약수사팀 : 마약, 코카인, 헤로인, 대마초 등을 수사하는 경찰

과학수사팀 : 지문채취, 혈흔반응검사 등 과학수사를 하는 경찰

교통지도계 : 음주운전, 무면허운전 교통법규 위반자 등을 단속
하는 경찰

교통사고조사계 : 교통사고를 조사하고 행정처분을 담당하는
경찰

외사계 : 외국인 범죄를 수사하는 경찰

생활안전계 : 범죄예방정책의 수립과 집행. 기타 이에 관련된
경찰활동

3. 경찰의 장점과 단점

① 장점

활기가 있다.

존경받을 수 있다.

② 단점

월급이 많지 않다.

일이 힘들다.

의사

1. 정형외과 의사가 하는 일

① 미국 정형외과 학회에서 정의하기를 정형외과는 사지와 척추 그리고 그 부속기관의 형태로 기능을 내과적, 외과적 그리고 물리학적 방법으로 연구하고 보존하며, 회복 발전시키는 의학의 한 분야

② 분과

척추, 고관절, 슬관절, 족부, 관절경. 견주관절, 스포츠, 수부 미세 수술, 골절, 골 연부 조직 종양, 소아 정형외과 등이 있다. 소아 정형외과를 예로 들면, 선천성 기형, 발달성 질환(평발, 안짱걸음, O자 다리 등등), 소아 외상, 하지 연장(키 늘리기 수술), 뇌성마비, 소아마비 등의 장애자, 3차원 인체 동작 분석 등을 한다.

2. 정형외과 의사가 되기 위한 과정

의대 졸업 – 인턴(1년) – 전공의(4년) – 전문의 시험 합격 – 분과 전임의(1~2년)

3. 정형외과 의사의 장점과 단점

① 장점

취직하기 편하다.

월급이 많은 편이다.

수술만 잘 하면 그 후가 편하다. 퍼즐 좋아하는 사람이면 딱이다(수술이 모두 퍼즐 맞추기 같음).

② 단점
수련받기 힘들다(군대 같은 조직).
교통사고 같은 응급 수술이 잦다.
일이 힘들다(철공소나 공방 일 같다).

소감 : 나는 지금까지 내가 하고 싶은 일에 대하여 생각해본 적이 별로 없다. 하지만 아빠가 이 숙제를 내주면서 내가 하고 싶은 일을 알아보고 생각해 봤는데 정말 쉬운 직업이 없다. 나는 이 숙제를 하면서 세상에는 정말로 쉬운 일이 없다는 것을 알았다.

조사를 하면서 느낀 소감을 나누어 보았다.

"아빠, 세상에는 정말 쉬운 일이 없네요. 막연하게 생각해서는 아무것도 할 수가 없겠어요."

"그래, 세상에는 정말 쉬운 일이 없지. 하지만 못할 일도 없단다. 진성이처럼 이렇게 미리 고민하고 가야할 길을 확실히 정해서 하나씩 실천해 간다면 무엇이 어렵겠니?"

우리 부부는 아이가 그동안 충실히 고민한 것에 대해 칭찬하고 격려를 아끼지 않았다. 그러고 나서 아이가 우선 선택한 직업에 대해 토의하는 시간을 가졌다. 왜 그 직업을 선택하려고 하는지, 자기 자신에게 잘 맞을지, 재미있게 할 수 있는 일인지, 그 일을 하게 되면 어떤 보람이 있을 것 같고 어떤 어려움이 예상되는지에 대해 질문하고 대답하며 상당 시간 아이의 생각을 들어보았다. 이렇게 자연스럽게 서로의 의견을 주고받으면서 진성이가 결론을 냈다. 두 가지 직업 중에 '경찰'이 되고 싶다는 목표를 정한 것이다.

나는 아이가 또래 사이에서 리더십을 발휘하며 대인관계가 좋다는 것을 강점으로 생각한다. 그리고 친구의 어려운 고민을 들어주며 배려하는 등 정의감도 있어 경찰이라는 직업에 적합한 성품과 기질을 갖추고 있다고 판단했다. 그래서 이런 아이의 강점에 대해 인정해 주면서 아이가 선택한 직업이 가치 있는 일이라고 북돋아 주었다.

"진성아, 이제 경찰이라는 직업을 선택했으니 다음 주에는 경찰이 되기 위해 필요한 것이 무엇인지 조사해보고 이야기를 나누자."

목표로 하는 직업을 이루기 위해 필요한 조건 조사하기

한 주가 지나기 전, 수요일 쯤 아이는 먼저 자신의 생각을 정리한 자료를 가지고 와서 나와 이야기하기를 원했다.

내가 경찰이 되기 위해 필요한 것

1. 규칙적인 운동(A) : 하루에 줄넘기 150 ~ 200개를 한다. 꼭!!!
2. 식사 관리(A) : 고기를 너무 많이 먹지 말고 과식을 하지 않겠다.
3. 자격증(B) : 가산점을 얻기 위해서는 자격증이 필요하다. 태권도 단이 있거나 워드프로세서 1급 자격증이 있으면 가산점이 붙는다. 하지만 이것은 지금 당장 급한 것이 아니니 우선순위를 'B'로 정하였다.
4. 공부(C) : 나는 지금 성적이 많이 떨어졌기 때문에 계획을 짜서 실천해야 겠다.
5. 영어(C) : 경찰이 되기 위해서는 영어를 잘해야 한다. 그래서 영어를 많이 공부하고 다른 과목보다 조금 더 신경을 써야 겠다.

  대학 졸업 후 경찰을 하면 아주 낮은 자리부터 시작해야 하지만, 경찰대학교를 나오면 처음부터 높은 계급에서 시작할 수 있다. 그리고 여러 혜택을 받는다.

  경찰 대학교에 들어가기 위해서는 1%의 확률을 뚫어야 한다.

  * 괄호 안의 A, B, C는 우선순위 구분

진성이가 경찰이 되기 위해 필요한 것을 잘 정리한 것 같았다. 나름대로 우선순위도 A, B, C로 구분해왔다. 먼저 그 노력을 칭찬해주고 필자가 조사한 경찰이 되기 위한 방법을 간략하게 일러주었다. 그리고 이번 일요일 만남까지 경찰이 되기 위한 방법을 다시 조사해볼 것을 권했다.

이 단계에서 아이는 자신이 목표를 이루기 위해서 해야 할 것이 무엇인지 스스로 찾아냈다. 예를 들어 '공부를 해야 한다' 는 것도 스스로 인식한 것이다. 그동안은 부모의 강요에 의해 막연히 공부를 해야 한다고 생각했을 것이다. 그러니 노력도 하지 않고 항상 수동적이었던 것이다.

그 주 일요일, 아이가 조사해온 내용은 다음과 같다.

경찰이 되기 위한 방법

방법1. 경찰대학교 입학

경.찰.학.의. 메.카, 세.계. 최.고.를. 지.향.하.는. 경.찰.대.학.은…

1. 모집 방법

• 모집정원 및 수업연한

− 120명(법학과 60, 행정학과 60명) 4년

- 지원자격
- 대한민국 국적자, 고등학교 졸업자, 동등한 학력 인정자
- 결격사유
- 경찰공무원법 제7조 제2항 각호의 임용 결격사유에 해당하는 자

  학장이 정한 신체기준 또는 체력기준에 미달하는 자

  우리대학 또는 다른 대학에서 퇴학처분을 받은 자
- 시험방법
☞ 1차시험
- 시험과목 : 언어영역, 외국어(영어)영역, 수리영역(수학1,10-

  가, 10-나 포함)
- 출제형태 : 객관식 과목별 100점
- 출제범위 : 고등학교 교과과정 전 분야
☞ 2차시험
- 신체검사, 체력검사, 적성검사, 면접
☞ 최종사정
- 1차시험성적   20%(200점)
- 체력검사 성적   5%(50점)
- 학교생활기록부 성적   15%(150점)
- 대학수학능력시험 성적   60%(600점)
- 신체조건
- 체격 : 국 · 공립병원 또는 종합병원에서 실시한 경찰공무원

          채용신체검사 및 약물검사 결과 건강상태가 양호하고

사지가 완전하며 가슴·배·입·구강·내장의 질환이
없어야 한다.

- 시력 : 시력(교정시력을 포함한다)은 각각 0.8 이상이어야 한다.
- 키 : 167cm 이상이어야 한다.
- 몸무게 : 57kg 이상이어야 한다.
- 청각 : 정상이어야 한다.
- 혈압 : 고혈압 또는 저혈압이 아니어야 함.

2. 경찰대학의 특전

근무개관

대학을 졸업한 경찰대학생은 남자의 경우 병역의무 이수 및 순환보직을 거쳐 본인의 능력과 희망에 따라 경찰의 다양한 경과에서 근무하게 된다. 여학생의 경우에는 졸업 후 바로 순환보직근무를 시작하게 된다. 일부 졸업생은 6년간의 의무복무 후, 본인의 희망에 따라 교수나 법조인, 사업가 등 사회의 다양한 분야에 진출하여 국가에 봉사하기도 한다. (이하 생략)

방법2. 경찰직 공무원 시험

1. 학력

남·여 공통 : 고등학교를 졸업하였거나 이와 동등 이상의 학력 소지자.

2. 연령(면접시험일 기준)

- 일반순경(101단, 특수진압요원 포함) : 만 21세~30세

＊ 단, 통신·전산요원 등 특별 채용시험 응시연령은 20세 이상
    40세 이하인 자

※ 제대군인 응시상한연령은 다음과 같이 연장된다.

군복무기간 1년 미만은 1세, 1년 이상 2년 미만은 2세, 2년 이상은 3세 연장

3. 병역

병역을 필한 자(전역 예정자, 또는 면제자 포함)

4. 운전면허

1종 보통 소지자   (이하 생략)

아이가 조사한 자료의 출처가 한눈에 봐도 검색 사이트라는 것을 알 수 있었지만 그것을 문제 삼지는 않았다. 아이 스스로 찾아보았고 그것이 지금 서로 고민하며 이야기할 소재가 되고 있다는 것만으로도 만족했기 때문이다.

아이는 경찰대학에 입학하는 방법을 생각하지만 1년에 120명밖에 뽑지 않아 경쟁이 엄청 치열할 것이라며 걱정스러워했다.

"아빠가 봐도 정말 힘들겠다. 그런데 최고를 목표로 최선을 다한다면 네가 목표로 한 경찰대학에 입학할 수 있을 거야. 행여 그렇지 못했다고 해도 경찰대학에 들어가려고 최선을 다한 너의 노력이 모두 무의미하고 헛된 것은 아니라고 아빠는 생각해. 최선이 아니면 차선이라는 말 있지? 진성이가 최선을 다한다면 최선이 아닌 차선으로 생각하는 경찰직 공무원이 되는 것이 훨씬 쉬울 거다. 그러나 처음부터 목표를 최선이 아닌 차선에 둔다면 아무리 노력해도 그 이상은 될 수 없어. 결국 최선이 아니면 차선이라는 말도 최선을 다해 한 분야에 노력을 쏟은 사람에게 어울리는 말이 아닐까?"

아이는 내 말을 어느 정도 이해하고 수긍하는 표정이었다. 나는 그동안 아이가 자신의 '능력의 한계'를 스스로 만들까봐 우려해왔다. "나는 이 정도밖에 못해", "이것은 나로서는 도저히 할 수 없는 일이야" 등의 표현과 행동을 많이 해온 아이였기에 이번 기회에 그런 사고를 바꿔주고 싶은 심정이었다.

인간은 무한한 가능성을 지니고 있다. 단지 그 가능성을 스스로 제약하는 것이 문제이다. 물론 이 과정에서 고민을 하지 않은 것은 아니다. 지금 현재 아이의 학업성취도가 경찰대학에 입학하기에는 턱없이 부족하다는 사실을 나도 잘 알고 있기 때문이다. 그렇다고 그 방법이 너에게는 힘겨운 일이니 다른 방법을 찾아보라고 할 수도 없다. 경찰이 되겠다는 하나의 목표에 이르는 방법의 차이일 뿐이다. 그 방법이 어떻든 그것이 중요한 것은 아니라고 생각한다. 물론 아이가 경찰대학교에 입학해 바로 경찰간부로 출발한다면 좋을 것이다. 하지만 그것은 출발의 차이일 뿐, 이후 결과를 장담하는 것은 아니다. 아이에게 이야기한대로 최선을 위해 노력하다 보면 차선은 같이 뒤따라올 수 있다는 판단으로 생각을 정리했다.

『좋은 기업을 넘어 위대한 기업으로(Good To Great)』에서 저자 짐 콜린스는 '크고 어렵고 대담한 목표(Big Hairy Audacious Goals : BHAG)를 세우라'고 조언했다. 아이의 현재 수준만을 생각한다면 현실적으로 불가능한 목표지만 나는 아이가 경찰대학에 진학하기를 원한다. 아이의 가능성을 믿기 때문이다. 비록 출발은 조금 늦었지만 훨씬 뒤늦게 크고 어렵고 대담한 목표를 세워 성공한 사람들이 얼마든지 있지 않은가? 그런 사람이 정해져 있는 것은 아니다. 명확한 목표를 가지고 그것을 부단히 실천한다면 누구라도 될 수 있다. 이런 부모의 믿음은 아이에게 고스란히 전달될 것이고 나아가 아이가 자신감과 긍지를 갖고 스스로 최선을 다하는 데 격려와 응원이 될 것이다.

3장

자기 삶의 Vision
발견하기

나는 비전이 주는 힘을 확신한다. 인생의 비전이 있는 사람은
그 어떤 어려움에도 좌절하지 않고 일생동안 자신의 비전을 이
루기 위해 가치 있는 삶을 살아간다.

01

목표달성을 위한 구체적인 계획 수립하기

세상 이야기 들려주기

목표달성의 관건은 습관이다

목표달성의 관건은 바로 '습관', 즉 긍정적인 방향으로 습관을 변화시키기 위한 구체적인 계획을 수립하는 것이다. 다시 말해 목표달성에 도움이 되는 습관을 갖는 것을 말한다.

습관은 우리의 삶 자체다. 우리가 생각하고 말하고 선택하는 것 그리고 모든 행동은 습관의 지배를 받는다. 따라서 단순히 공부를 잘하기 위한 계획만 수립하는 것은 삶의 부조화를 가져올 수 있다. 사소한 것으로 여겨지는 생활습관을 긍정적으로 변화시키면 목표를 성취하는 데 비중이 큰 습관까지도 긍정적으로 바뀔 가능성이 높다.

줄리아니 뉴욕시장은 뉴욕을 범죄 없는 도시로 만들기를 원했다. 그렇다고 예전 시장들처럼 먼저 큰 범죄를 없애기 위해 범죄와의 전쟁을 선포하지 않았다. 반대로 그는 경범죄부터 없애기 시작했다. 대부분의 시민들은 의아하게 여겼지만 작은 범죄가 사라지기 시작하자 중범죄 역시 서서히 줄어들어 뉴욕시의 범죄율이 크게 낮아졌다.

'세살 버릇 여든까지 간다' 는 우리 속담이 있다. 공부하는 습관도 어릴 때 길들여지면 큰 변화가 없는 한 그대로 계속된다. 자녀가 어릴수록 습관을 바꾸기 쉽다. 반대로 아이의 나쁜 습관이 지속된 기간이 길수록 그것을 바꾸기 어렵고 더 많은 시간이 소요될 것이다. 그러니 단시간에 모두 바뀔 것이라는 조급함은 버려라. 조급함은 화를 부른다. 처음에는 가급적 아이가 조금만 노력

하면 성공할 수 있는 낮은 수준의 실천계획을 설정하는 것이 좋다. 작은 성공체험을 맛보게 한 다음, 서서히 목표를 높여가는 것이 좋은 방법이다. 또 크게 문제가 되는 어느 한 가지 습관을 선정해 그것이 완전히 변할 때까지 집중하는 것도 바람직하다.

버려야 할 습관과 길러야 할 습관

목표 직업을 발견하면 아이들은 대부분 지금 하고 있는 공부를 잘해야 한다는 결론을 스스로 내리게 될 것이다. 그리고 직업 특성에 따른 추가적인 항목들을 발견하게 된다. 그럼 지금부터 해야 할 가장 중요한 것이 공부라는 결론을 얻은 아이들에게 공부를 잘하기 위한 구체적인 계획과 추가 항목에 대한 계획을 수립하도록 도와주어야 한다.

아이가 '공부가 가장 중요하다'는 결론을 내렸다고 해서 기다렸다는 듯 공부를 이슈로 내세워 앞으로 어떻게 할 것인지 추궁하거나 오직 공부를 잘하기 위해 무엇을 할 것인가에만 집착해서는 안 된다. 아이가 애써 열었던 마음의 문이 다시 닫힐지 모른다. 성인도 일만 하고 살라면 과연 수긍할 수 있겠는가 생각해보라. 오히려 최근 들어서는 개인의 행복은 물론 기업의 생산성 강화를 위해서도 '일과 삶의 균형'을 회복하는 것이 절실하다는 이슈가 부각되고 있다. 아이들도 마찬가지다. 물론 공부도 중요하지만 그 외에 행복한 청소년기를 보내고 독립적인 자아를 갖춘 성인으로 자라 사회에 편입되기 위해 꼭 필요한 요소도 같이 발전시켜야 조화로운 성장이 이루어질 것이다.

먼저 아이가 호기심을 표현하는 분야부터 이야기를 시작해보자. 그러면 자신의 목표를 이루기 위해 공부를 잘하기 위한 계획을 거론할 때에도 부담스럽지 않게 받아들일 것이다.

공부보다 우선은 건강관리다. 아무리 일을 잘하고 공부를 잘한다 해도 건강이 뒷받침되지 않는다면 무슨 소용이 있겠는가? 대화를 통해 아이가 가장 흥미있어 하는 운동이 무엇인지 찾아보자. 운동도 흥미가 없으면 절대 오래 할 수 없다. 나 역시 운동을 하기 위해 여러 종목을 조금씩 시도했었다. 각오를 단단히 하고 피트니스클럽 회원권을 끊었지만 일주일도 안 되어 중단한 경험이 있다. 등산 역시 나에게는 잘 맞지 않았는지 오래 지속하지 못했다. 그러나 몇 개월 전, 지인의 권유로 시작한 골프는 주변에서 프로로 나갈 거냐는 농담을 할 정도로 열심이다.

이처럼 무슨 일이든 흥미가 없으면 지속하기 어렵고 흥미를 느껴야 집중력이 생겨 자연스럽게 습관으로 만들 수 있다. 따라서 아이도 흥미 있는 운동을 한다면 운동을 통해 집중력을 기를 수 있고 그로 인해 생활습관을 개선할 수 있다. 아이가 흥미 있어 하는 운동을 찾았으면 일주일 단위로 적당한 실천계획을 짜도록 지도하자. 이런 과정은 모든 습관을 바꾸는 데 동일하게 적용되는데, 공부하는 습관을 만드는 것도 마찬가지다.

다음으로 독서는 아이들이 공부에 흥미를 느끼게 하는 중요한 매개체가 된다. 어릴 때부터 꾸준히 책을 읽으면 문장력이 키워지고 사고의 범위가 폭넓어지는 등 큰 유익이 있으므로 실천계획에 포함시키는 것이 바람직하다.

그리고 친구들과 보내는 시간 역시 아이의 생각을 들어보고 적당한 정도에서 수용해줘야 한다. 성인들도 사회생활에서 대인관계가 필수적 요소이지 않은가. 아이들 역시 원활한 학교생활을 위해 원만한 대인관계가 필요하다. 대인관계 역시 사회생활에 큰 영향을 주는 중요한 요소이다. 물론 지나치게 많은 시간을 투자하는 것은 피하도록 충분히 설명하여 아이를 납득시킬 필요가 있다. 이 밖에도 아이의 정신적 안정에 도움이 되고 활력을 느낄 수 있는 취미를 찾아주는 것도 필요하다.

마지막으로 어려운 과제가 남아 있다. 바로 공부를 잘하기 위한 계획과 방법이다. 공부를 어떻게 해야 잘할 수 있는지 명확히 내놓을 만한 정답이 있는가? 이 방법을 찾기 전에 먼저 부모들에게 약속을 다시 받고 싶다. 아래에서 언급하겠지만 이 문제는 아이만의 노력으로 해결되기 어렵고 가족이 함께 참여하고 노력해야 한다.

공부를 잘하기 위해서는 기본적으로 학습습관이 길러져야 한다. 공부를 잘하는 아이들은 학교수업에 열중하고 예습복습을 하루도 빠짐없이 한다. 매일 규칙적으로 꾸준히 공부한다. 일요일이나 쉬는 날에도 최소 2시간 정도는 공부해서 습관을 깨지지 않도록 한다. 누가 시키지 않아도 스스로 공부한다. 좋은 책도 많이 읽는다.

이처럼 바람직한 공부습관을 형성하기 위해서는 먼저 공부에 흥미를 갖도록 유도해야 한다. 흥미라는 것은 절대 자신이 감당하기 어려운 수준에서 생기지 않는다. 자신이 할 수 있는 수준에서 시작해 그 속에서 성공체험을 맛 보아야 자신감이 생긴다. 그리고 그 자신감이 더 높은 집중력을 끌어낸다. 당연히 집중력이 키워지면 자기 스스로 꾸준히 공부하는 습관이 생긴다. 이런 습관이 쌓이면 학습능력이 발달하게 마련이다. 결국 습관을 만드는 일이 가장 어렵고 중요한 과정이다.

먼저 아이가 목표를 달성하기 위해 필요한 습관이 무엇인지 함께 의논해보자. 현재 아이의 습관을 정리해보고 목표를 달성하기 위해 도움이 되는 좋은 습관과 도움이 되지 않는 나쁜 습관으로 분류해보자. 그리고 나쁜 습관을 어떻게 고쳐갈 것인지 아이의 의견을 들어보고 계획을 짜보자.

이때 부모가 일방적으로 계획을 짜주는 것은 아무런 의미가 없다. 중요한 것은 아이가 스스로 계획을 수립해야 자신과의 약속이 되어 실천에 조금이라도 힘이 실릴 수 있다는 점이다. 물론 부모 입장에서 보면 욕심에 차지 않는 수준이 나올 경우가 많을 것이다. 그래도 일단은 참아야 한다. 아이가 스스로 계획한 것을 실천하는 것이 더 중요하기 때문이다. 부모 욕심껏 계획표를 짠다고 해서 그것이 실천된다는 보장도 없다. 먼저 아이의 생각에서 계획한 내용을 존중해주고 의미를 부여해줘라. 사소한 습관의 변화를 경험한 아이는 또 다른 변화에 도전할 수 있다. 때문에 처음부터 너무 무리하게 욕심을 내지 않는 것이 좋다.

앞에서 거론한 것을 부모 자신에게 먼저 접목시켜 보자. 그러면 아이의 입장을 공감할 수 있고 구체적인 사례를 직접 보여주며 대화할 수 있다는 장점이 있다.

중간 기착점을 설정해 목표 세분화하기

다음으로 최종목표를 달성하기 위한 단기목표와 중기목표를 수립해야 한다. 기차여행을 하면 종착역으로 가는 도정에 중간 중간 기착역이 있듯 목표 역시 중간 기착점이 필요하다. 만약 중간 기착점이 없다면 최종 목표로 가기 위한 길이 너무 멀게 느껴져 포기하고 싶은 마음이 들지 않을까. 중간 기착점이 필요한 이유는 뚜렷한 단기목표가 있으면 도전하기가 보다 쉽게 느껴지고, 작은 도전에서 오는 성취감을 경험을 할 수 있어서 지속적인 도전이 가능하기 때문이다. 작은 도전에 대한 성취에는 분명 보상이 따른다. 그것은 '자신감'이라는 아주 소중한 활력 에너지다.

스펜서 존슨은 저서 『멘토』에서 '1분 목표 설정'을 위해 다음과 같은 방법을 활용해볼 것을 권한다.

1단계 : 내가 스스로에게 가르치고자 하는 것이 무엇인지 조용히 생각해보는 시간을 갖는다.

2단계 : 내 목표를 1인칭 현재 시점으로, 이미 목표를 달성한 것처럼 적는다.

3단계 : 1분 안에 반복해서 자주 읽어볼 수 있도록 목표를 간략하게 적는다.

4단계 : 목표를 적을 때에는 달성 날짜까지 포함해서 구체적으로 적는다.

5단계 : 목표를 달성했을 때의 기분을 상상하며 긍정적인 단어로 목표를 기록한다.

6단계 : 날마다 여러 차례 1분씩 투자해서 내 행동과 목표를 돌아보고 행동이 목표에 부합되는지 살펴본다.

이런 방법 역시 아이들이 목표를 향해 장기간 여행하는 가운데, 단기적으로 성취할 수 있는 중간 기착역 역할을 할 수 있을 것이다.

나를 포함해 이 책을 읽고 있는 모든 부모들은 자기 아이가 공부 잘하기를 소망할 것이다. 원하는 바는 어느 부모나 동일하겠지만 이제 부모의 사고 전환이 필요한 시기이다. 특히 결과보다는 과정을 우선시해야 한다. 우선 아이의 공부를 방해하는 잘못된 습관을 찾아서 하나하나 올바른 습관으로 바꾸는 일부터 시작하자. 공부는 그 다음이다.

문명의 이기가 발달할수록 아이들의 공부를 방해하는 적들도 늘고 있다. TV, 휴대전화, 컴퓨터, PDA 등은 긍정적인 요소도 많지만 아이들이 학습에 집중하는 것을 방해하는 큰 요소이기도 하다. 이와 관련된 내용도 계획표에 포함시켜야 한다.

'인간은 환경의 자식'이다. 긍정적인 변화를 원한다면 그에 적합한 환경을 만들어줘야 한다. 아이의 집중을 방해하는 것들을 하나씩 제거하고 학습 분위기를 조성해주는 것이 필요하다. 아울러 부모가 학습하는 생활태도로 모범을 보이는 것도 중요하다.

좋은 습관이 형성되면 공부는 자연히 집중해서 잘하게 될 것이라는 믿음을 가져라. 목표가 생겼으니 동기가 부여되었고 이제 좋은 습관만 형성된다면 아이는 긍정적인 방향으로 차츰 변화하게 될 것이다.

내 아이의 이야기

다음은 4단계 '목표 달성을 위한 구체적인 계획 수립하기' 과정이다. 목표를 확정했으면 이제 자신의 습관을 파악하고 목표달성에 장애가 되는 나쁜 습관을 먼저 찾아보아야 한다. 그리고 목표를 달성하기 위한 구체적인 계획을 수립해야 한다.

목표로 하는 직업을 파악하면서 그 직업에 요구되는 자질과 역량을 알아보았다. 이제 최종 목표를 달성하기 위한 단기목표와 중간목표로 목표를 세분화하는 과정이 필요하다.

중간목표를 설정하고 바꿔야 할 습관 찾기

먼저 내 아이의 경우, 확정한 직업목표를 실현하기 위한 방법으로 경찰대학에 입학하는 것을 중간목표로 설정할 수 있다. 경찰대학에 입학하기 위해 필요한 요소에 대해 다시 이야기해 보았다.

"진성아, 경찰대학에 입학하기 위해 앞으로 무엇을 해야 하겠니?"

"음, 공부를 잘해야 할 것 같고요. 특히 영어를 잘해야 할 것 같아요. 그리고 운동을 꾸준히 해야 한다고 생각해요."

"그래, 진성이도 앞으로 무엇을 해야 할지 잘 알고 있구나. 그럼 우리 하나씩 살펴볼까?"

나는 아이에게 가장 부담이 없는 이야기부터 꺼냈다.

"아빠처럼 회사에서 일을 하든 너처럼 공부를 하든 기본적으로 가장 필요한 것은 뭘까?"

아이는 내가 공부 이야기를 꺼낼 것으로 예상하고 있다가 생각지 못한 질문을 받아서 그런지 잠시 동안 생각을 하더니 "글쎄요…"하고 말끝을 흐린다.

"아빠가 사회생활을 해보니 일을 열심히 하던 사람이 어느 순간 건강이 좋지 않아 일을 그만둬야 하는 경우를 보게 된다. 또 일을 더 많이 하고 싶어도 체력이 뒷받침되지 않아 못하는 경우도 있지. 공부하는 것도 마찬가지 아닐까?"

아이는 뭔가 무거운 이야기가 나올 줄 알고 있다가 그래도 가벼운 이야기가 나오자 표정이 밝아지며 쾌활하게 맞장구를 친다.

"맞아요. 내 친구 중에도 그런 애가 있어요."

"진성이는 아빠가 보기에 건강해서 별 걱정은 하지 않지만 건강이란 꾸준히 지키지 않으면 모래성과 같이 조금씩 조금씩 무너지다 어느 순간 다 무너지게 되어 있단다. 그래서 지금부터 꾸준히 관리해야 해. 진성이가 목표로 하는 경찰대학도 신체검사와 체력검사를 하던데?"

"예, 맞아요. 지금부터 운동을 꾸준히 하지 않으면 안 될 것 같아요."

"그럼 진성이는 어떤 운동을 좋아하니? 초등학교 때 태권도 초단을 땄는데 지금도 관심이 있어? 아니면 다른 운동에 관심이 있니?"

"태권도는 나중에 더 하고 싶지만 지금은 아닌 것 같아요. 가끔 친구들이랑 축구나 농구를 해요."

"응. 축구나 농구는 정말 활동적인 운동이지. 참 좋은 운동을

하고 있구나. 그 운동은 가끔씩 한다고 했는데 그렇다면 꾸준히 할 수 있는 운동을 하나 더 찾아본다면 무엇이 좋을까?"

"매일 줄넘기를 하는 것이 어떨까 해요."

"그래, 줄넘기도 매일 하기에 좋은 운동이구나. 그럼 매일 어느 정도 하면 좋을지 진성이가 생각해보고 나중에 실천계획서에 너의 생각을 옮겨보렴."

솔직히 아이와 대화하면서 우리 부부가 꾸준히 하고 있는 빨리 걷기를 같이 했으면 하는 생각이 떠나지 않았지만, 그쪽으로 유도하지는 않았다. 일단은 아이의 생각을 존중해주는 것이 중요하다고 생각했기 때문이다.

"그럼 이제 무슨 이야기를 해볼까?"

아이는 이제 공부 이야기를 꺼낼 거라 예측하고 있는 듯했다.

"진성이는 주로 무슨 책을 읽지?"

아이는 대답을 못하다가 나지막한 소리로 "만화…"라고 말끝을 흐렸다. 당연히 아빠가 원하는 대답이 아니라는 것을 스스로 알고 있어서 그랬을 것이다.

"음, 만화…, 그래 네 나이 때에는 좋아할 만하지. 아빠도 좋아했는데, 뭐."

이 말에 그래도 기가 조금 살아나는 듯했다.

"그래, 만화도 좋은데 너에게 더 도움이 되는 책들도 같이 읽어보면 어떨까?"

"예, 이번에 『청소부 밥』을 읽었는데 생각보다 재미있었어요."

"어, 스스로 책을 읽었다니 정말 대단한데? 그 책의 내용이 뭐야? 아빠도 한 번 읽어보고 싶다. 책 좀 빌려줄래?"

이런 나의 반응에 아이는 뭔가 아빠보다 먼저 했다는 뿌듯한 느낌이 들었나보다. 바로 일어나 자기 방으로 들어가 책을 가져오더니 책에 대해 설명하기 시작했다.

"저는 처음에 청소부 밥이라고 해서 청소부가 먹는 밥인 줄 알았는데 읽어보니 그게 아니고…"

한참 동안 아이가 주도권을 쥐고 대화를 이끌었다.

"응, 듣고 보니 정말 느낄 점이 많은 책이로구나. 아빠도 읽어볼게. 그런데 진성아, 책을 읽으니 어떻든? 네가 말한 것처럼 느낀 점이 많고 깨달음이 많았지?"

"예, 맞아요."

아이는 거부감 없이 대답했다.

"아빠는 책을 읽으면 내가 경험하지 못한 것을 간접적으로 경험할 수 있고 다른 사람의 생각을 느낄 수 있어서 좋더라. 그리고 많은 지식을 얻을 수도 있고 내 생각을 넓고 깊게 해주는 것 같아. 아! 중요한 장점 하나를 빼먹었다. 아빠는 회사에서 일하는데 도움이 되던데 진성이에게는 무슨 도움이 될까?"

아이는 잠시 생각을 하더니 "아! 저에게도 학교공부에 도움이 되겠네요. 특히 국어에 도움이 될 것 같아요." 한다.

"맞아, 그렇겠네. 네가 목표로 하는 경찰대학에 가기 위해 학교 성적을 올리는 데에도 도움이 될 것이고, 장기적으로 대학수학능력시험을 대비할 수도 있겠다. 그리고 추가로 보는 1차시험에 언어영역이 있던데 그 시험에도 큰 도움이 되겠다. 아빠도 책을 읽으면 이렇게 많은 장점이 있는 줄 미처 몰랐어."

아이 역시 맞장구를 쳐 주었다.

"그럼 아빠가 읽은 책 한 권을 선물로 줄게. 한번 읽어 보겠니?"

"무슨 책인데요?"

"응. 아빠도 진성이처럼 많은 도움이 된 책이 있어. 『총각네 야채가게』라는 책인데 야채가게 하면 보통 아주머니들이 운영하는 거라 생각하잖아? 그런데 이 책의 주인공들은 그런 고정관념을 깨서 성공한 친구들이야. 이 책을 읽고 아빠와 나중에 토론을 한번 해보자."

나는 곧바로 서재에서 책을 꺼내 아이에게 주었다. 아이 역시 호기심을 나타냈고 읽어보겠다고 말했다.

"진성아, 책을 읽는 것도 즐거운 습관 중에 하나가 될 수 있겠다. 진성이가 목표로 하는 것에 대한 준비도 될 것 같고. 그럼 이것도 계획을 짜는 데 포함시키는 것이 어떨까?"

"예, 그럴게요. 그런데 몇 권을 읽어야 하죠?"

나는 아이의 반응 정도라면 한 달에 몇 권은 읽으라고 지정해주고 싶었지만 꾹 참았다.

"우선은 많은 책을 한꺼번에 읽으려 하지 말고 조금씩 읽어봐. 그리고 재미가 있으면 조금씩 늘려가면 되지 않을까?"

나는 아이에게 '빈곤의 원리'를 적용시켜 보기로 했다. 아무리 맛있는 음식도 한꺼번에 체할 정도로 먹는다면 다음부터 한동안은 쳐다보기도 싫을 것이다. 부족한 듯 먹어야 다음에 또 먹고 싶은 욕구가 생기는 것처럼 책읽기도 그렇지 않을까 싶었기 때문이다.

아이는 평소의 아빠라면 이렇게 말하지 않을 텐데 이상하다는 투로 "한 달에 두 권은 읽어 볼게요" 한다.

"그래, 진성이가 그렇다면 아빠는 진성이가 원하는 좋은 책을 사주지. 필요한 책이 있으면 언제든 말하렴. 그리고 책을 읽고 나서 짧게라도 좋으니 책 읽은 소감을 정리해보렴. 아빠와 같이 그 책에 대해 토론하는 시간을 갖자."

이렇게 대화는 순조롭게 마무리되었다.

마지막으로 어려운 관문이 남아 있다. 공부를 잘하기 위한 실천 계획을 세우는 것이다. 공부를 잘하려면 앞서 소개했듯이 공부 역시 흥미 있는 것이라는 느낌을 갖고 작은 성취를 맛봄으로써 자신감을 가져야 한다. 이렇게 생긴 자신감은 집중력을 높여 공부하는 습관으로 자리 잡게 되는 것이다. 자연스럽게 원하는 바도 달성할 수 있을 것이다. 이렇게 말로는 쉽다. 그런데 이것을 어떻게 적용해야 할까?

나는 일단 대화시간을 다음 주로 넘기기로 했다. 아이에게는 공부하는 데 방해가 되는 습관이 무엇인지 먼저 고민하고 '바꿔야 할 습관'에 대해 정리해 보자고 했다. 또 여름방학이 시작되었으

니 일주일 공부할 시간표를 정리해서 대화하자고 제안하고 이야
기를 마무리했다.

일주일이 다 지나기도 전에 아이는 바꿀 습관을 정리해서 나에
게 가져왔다. 아이가 정리한 내용은 대부분 아빠 입장에서 느끼
고 있는 내용과 동일했다. 예전에는 무조건 일방적으로 잔소리를
하며 내가 느끼는 것만 말했지만 지금은 아이가 스스로의 생각으
로 이야기하고 있다는 것이 달라졌다.

바꿀 습관

1. TV 시청은 토요일에만 한다.
2. 게임은 토요일에만 하겠다.
3. 공부할 때 핸드폰을 밖에다 내놓고 하겠다.
4. 시간표는 무슨 일이 있어도 다 한다.
5. 학교, 학원, 스스로 하는 공부를 할 때는 집중한다.
6. 공부 방식을 바꾼다.

스스로가 바뀌어야 할 습관에 대해 정확히 파악하는 것은 큰 발전
이다. 그리고 아이는 일주일의 공부 시간표도 기대 이상으로 잘
정리했다. 이 중에서 구체적이지 못한 부분만 질문을 통해 구체
적으로 계획하도록 조언해 주었다.

아이 스스로 생활 실천계획표 만들기

"진성아, 아빠가 보기에 네가 그동안 많은 고민을 한 것 같다. 공부 시간표도 참 잘 짰고."

먼저 칭찬을 아끼지 않았다.

"진성아, 성공과 실패를 결정하는 가장 중요한 것이 무엇이라고 생각하니?"

이 질문에 아이는 한동안 생각을 하고 있는지 대답을 하지 못했다.

"음…, 진성이와 엄마 아빠가 이런 공부 시간표를 여러 번 짜본 경험이 있지?"

"예…"

잠시 침묵하다 아이는 "시간표대로 해야 하는 것 같아요" 했다.

"그래, 여러 번 계획은 아주 잘 짰는데 하루 이틀 지나면 계획만으로 끝나버리고 마는 경우가 대부분이었을 거야. 성공과 실패를 결정하는 것은 아주 단순해. 바로 꾸준한 실천이란다. 그런데 꾸준히 실천한다는 것은 단순하면서도 아주 어려운 일이기도 하지?"

아이는 낮은 목소리로 대답한다.

"예, 그동안 잘 지키지 못했어요."

"그렇다고 기죽을 건 없어. 아빠같이 다 큰 사람도 그렇게 꾸준히 지키는 것이 힘들거든. 아빠도 실천계획서를 만들어서 노력하고 있는데 생각처럼 쉽지가 않더구나."

아빠도 그렇다는 말에 동지를 만난 듯 아이의 얼굴이 조금 밝아졌다.

"그럼 어떻게 해야 꾸준히 실천할 수 있을까? 아빠는 건강을 위해 일주일에 4번은 공원에서 1시간 정도 빨리 걷기를 하겠다고 스스로 약속을 했어. 그런데 주말은 할만 한데 주중에는 일하고 늦게 집에 오면 피곤하기도 하고 나가기가 너무 싫더라. 그래서 어느 때는 약속을 못 지키기도 했지. 그래서 방법을 바꿔보았어."

아이는 호기심을 느끼며 대답을 재촉했다.

"응, 큰 차이는 없어. 빨리 걷기는 아빠에게 익숙하지 않잖니. 익숙하지 않은 것을 꾸준히 해서 익숙한 것으로 만들려면 오랜 시간이 필요하지. 그래서 우선은 1시간이라는 시간에 구애받지 않고 무조건 횟수를 지키는 것으로 방법을 바꿨지. 어느 날은 10분 정도 산책만 하고 들어오기도 했어. 비가 오는 날에도 아빠가 우산 쓰고 나가는 모습을 본 적이 있을 거야. 그렇게 하다 보니 횟수는 지켜지더라. 그런데 시간이 조금씩 지나고 꾸준히 하다 보니 지금은 빨리 걷기를 안 하면 이상해. 공원을 크게 한 바퀴 돌며 느끼는 상쾌함과 비 오듯 흐르는 땀을 내지 못하면 뭔가 찜찜한 기분이 들거든. 처음에는 정말 건강 때문에 어쩔 수 없이 했는데 이제는 그 시간이 너무 즐겁단다. 나무숲 사이로 걷다보면 이런저런 생각을 편하게 정리할 수도 있고, 지금 쓰고 있는 책에 대해서도 생각을 많이 가다듬는 시간이 된단다. 그러다보니 어느 때는 한 시간을 넘기기도 해. 아쉽지만 내일을 위해 들어오지."

아이는 운동이라고는 숨쉬기만 하던 아빠가 언제부터인가 빨리 걷기를 한다고 공원을 오가는 것을 제 눈으로 보아왔던 터라 내가 하는 말에 충분히 공감하는 듯했다.

"진성아, 아빠가 이런 이야기를 하는 이유는 진성이가 계획을 아주 잘 짰는데 혹시 예전처럼 조금 하다 중단하지나 않을까 걱정이 되어서야. 그래서 지금 익숙하지 않거나 흥미가 적은 것에 대해서는 아빠가 했던 방법을 써보면 어떨까? 우선 단 5분을 하더라도 네가 계획한 것은 꼭 해보는 거지. 그러다 보면 조금씩 흥미가 생기고 차차 자신감도 붙을 거야. 그럴 때 조금씩 시간을 늘려가도 늦지 않아."

아이는 요즘 내 말에 번번이 충격을 받는 것 같았다. '우리 아빠가 저렇게 이야기할 리가 없는데 이상하다? 예전 같으면 "방에 들어가서 1시간 하고 나와!"이럴 텐데?' 아마도 이런 생각을 하지 않을까?

"진성이 네가 할 수 있는 만큼 정해서 시간을 어느 정도 들일지 고민해 보거라."

아이에게 내가 목표달성을 위해 만든 실천계획서를 먼저 보여주었다. 양식은 참고해서 만들되 내용은 지금까지 서로 대화한 내용을 중심으로 아이 스스로 만들도록 권했다. 그리고 실천계획이 구체적일수록 좋은 이유에 대해 설명해 주었다.

"계획이 구체적일수록 내가 무엇을 해야 하는지 분명히 알 수 있고, 결과에 대해 스스로 점검하기도 쉽단다. 만약 계획이 두루

뭉술하면 행동도 그럴 수밖에 없어."

대화가 끝나고 얼마되지 않아 아이는 실천계획서를 만들어 왔다. 완벽하지는 않았지만 흡족한 수준이었다. 나는 그 실천계획서를 아이의 책상 앞에 붙여주고 하나는 거실의 탁자 유리 속에 내 계획서와 나란히 넣었다.

그리고 매일 잠자기 전에 하루를 반성하는 시간을 갖는 의미에서 아주 잘했으면 ○, 보통이면 △, 잘못했으면 ×로 표시하도록 했다. 이것을 가지고 일요일 대화 시간에 서로 자신의 일주일 생활에 대해 이야기하기로 약속했다.

"진성아, 세상에서 가장 무서운 사람이 누구인 것 같니? 엄마? 아빠? 선생님? 아빠가 생각할 때는 자기 자신이야. 아무리 부모라도 너의 모든 것을 곁에서 지켜볼 수는 없잖니? 그런데 자기 자신은 너와 항상 함께 있어. 내 행동이 마음에 들지 않을 때처럼 내 자신이 초라해질 때가 없지. 자기 자신에 대해 만족하지 못하고 살아간다면 그것처럼 비참한 삶이 또 있겠니?"

아이에게 다시 훈시를 하는 것 같지만 예전처럼 아무런 과정 없이 일방적으로 하는 것은 아니었다. 아이도 수긍하는 듯 보였다.

"예, 이번에는 정말 열심히 할게요."

"응, 아빠는 진성이를 믿는다. 너무 복잡하게 생각하지 마. 바로 지금부터 조금씩 실천하면 못할 게 없다. 지금까지는 그냥 내일로, 내일로 미루는 습관이 있었다면 이제부터는 오늘 해야 할 일은 꼭 오늘 한다는 각오를 하고 실천하면 되지 않겠니? 일일목

표를 가지고 매일 그 목표를 실천해 간다고 생각해. 아빠도 옆에
서 많이 도와줄게. 우리 이번엔 꼭 성공해보자."

　아이는 약간 부담을 느끼는 듯했지만 그래도 해봐야겠다는 의
지가 보였다.

나의 생활 실천계획

일주일 동안 내가 계획한 내용을 얼마만큼 잘 실천했는지 매일 스스로 점검합니다. 아주 잘했으면 ○, 보통이면 △ , 잘못했으면 × 해보세요.

실천내용	/	/	/	/	/	/	/	자기평가
회사 일을 예전보다 집중해서 한다.								
1주일에 한 권씩 책을 읽는다.								
주중에 최소 1시간, 주말에는 일일 3시간 이상은 책을 쓰는 데 투자한다.								
제2의 일을 위한 준비를 꾸준히 한다.								
일주일에 4회(1일 60분) 이상 빨리 걷기 운동을 한다.								
주중에 2일(1일 2시간 이내)은 골프를 한다.								
하루 세끼 꼭 챙겨먹고 간식은 금한다.								
운동과 식사관리로 체중을 70kg까지 감량한다.								
수면시간은 주중에 새벽 1시~아침 6시 30분으로, 주말은 새벽 2시~아침 7시 30분으로 한다.								
TV시청은 토요일 저녁에만 한다.								
가족과의 대화 시간을 주중에는 최소 30분, 일요일은 1시간 이상 갖도록 한다.								
월 1회 가족과 공동의 관심거리를 만들어 함께 한다.								
최선을 다해 가사를 분담한다.								

위 내용을 나의 양심에 어긋나지 않게 정확하게 점검했습니다.

일주일 동안 나의 생활을 점검하고 지켜지지 않은 점은 반드시 지키도록 하겠습니다.

200 . . .

오 평 선   (인)

아들 진성이의 생활 실천계획

일주일 동안 내가 계획한 내용을 얼마만큼 잘 실천했는지 매일 점검해 보세요. 아주 잘했으면 ○, 보통이면 △, 잘못했으면 × 해보세요.

실천내용	/	/	/	/	/	/	/	자기평가
TV는 평일에 1시간 이내, 토요일 저녁에 주로 시청한다.								
게임은 토요일에 1시간 정도한다.								
공부할 때 핸드폰을 밖에 놓는다.								
시간표는 무슨 일이 있어도 다 지킨다.								
학교, 학원, 스스로 공부할 때 집중한다.								
줄넘기를 하루에 100~150번 한다.								
식사관리를 잘한다.								
수면시간은 밤 11시30분~아침 7시로 한다.								
아침에 일어나 1시간씩 책을 읽는다(방학 중).								
쉬는 날도 최소한 2시간 이상 공부한다.								
누가 시키지 않아도 스스로 공부한다.								
예습, 복습을 하루도 빠짐없이 한다.								
숙제는 빠지지 않고 열심히 한다.								
한 달에 두 권의 책을 읽는다.								

위 내용을 나의 양심에 어긋나지 않게 정확하게 점검했습니다.

일주일 동안 나의 생활을 점검하고 지켜지지 않은 점은 반드시 지키도록 하겠습니다.

200 . . .

오 진 성 (인)

최종목표에 도달하기 위한 중간 기착점 만들기

한 주가 지나고 일요일 약속시간이 됐다. 생활 실천계획서를 만든 첫 주 동안 아이는 한두 가지를 제외하고 매일 꾸준히 계획을 지켰다. 문제는 얼마나 지속할 수 있느냐이다. 예전에도 처음에는 잘 지키는 듯하다가 시간이 지날수록 흐려졌었다.

이번에는 최종목표로 가기 위한 중간 기착점을 만드는 과정이다. 최종목표로 가는 길은 목표에 따라 차이는 있지만 대부분 아주 긴 여정이다. 따라서 중간 기착점이 있으면 일정한 시점에 지나온 것을 반성하고 앞으로 진행될 방향을 다시 살펴보며 점검할 수 있다. 또 스스로 성취감을 맛볼 수 있으며 방향을 재점검해 목표로 한 걸음 더 자신 있게 나갈 수 있도록 자신을 자극하는 효과가 있다. 가장 중요한 것은 자신의 목표에 대한 '강한 확신'을 가질 수 있다는 사실이다.

필자는 2001년 제2직업 목표를 설계하고 인생설계도를 만들어 최종목표로 가기 위한 중간 기착점을 설정했다. 그리고 2006년 다시 보완했다.

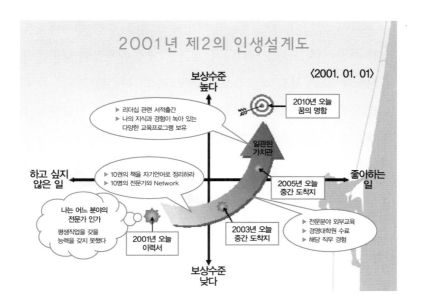

2006년 5월 보완

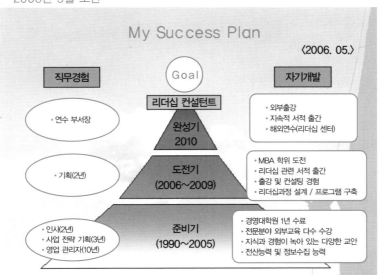

"진성아, 우리가 차로 장거리 여행을 할 때를 한번 생각해보자. 오랜 시간 고속도로를 달리다가 중간 중간에 휴게소에 들리잖니. 휴식도 취하고 차도 점검하고 주유도 하지. 지금까지 달려온 경로를 돌아보고 목적지까지 계획된 시간에 도착할 수 있는지도 점검해보고 차질이 생긴 것을 알게 되면 그에 대한 대비를 하지? 몇 시간을 여행할 때도 이렇게 중간에 점검을 해야 목적지까지 계획대로 도착할 수 있단다. 하물며 너의 목표를 이루기 위해서는 상당히 오랜 기간 여행해야 하는데 그냥 떠날 수는 없지 않겠니?"

"그러면 어떻게 해요?"

"응, 아빠랑 같이 생각해보자. 진성이가 목표를 달성하려면 우선 경찰대학에 입학해야 해. 그래야 경찰간부가 되겠다는 너의 목표를 이룰 수 있기 때문이야. 지금 진성이가 중학교 2학년이니까 경찰대학에 입학하기까지는 4년 반 정도의 시간이 남았구나. 그렇다면 경찰대학에 입학하는 것이 중간목표가 될 것 같아. 그 4년 반의 기간 동안 어떻게 준비해갈 것인지 시기별로 '단기목표'를 세워보는 것이 좋겠다."

"아, 그럼 언제까지 무엇을 한다는 계획을 세우는 것이군요."

"그래, 맞아. 지금부터 책도 많이 읽고 운동도 열심히 해서 체력도 키우고 뒤처진 공부도 열심히 한다고 했지? 그와 같은 목표를 언제까지 어느 수준으로 올려놓을지 시기별로 목표를 세워보는 거야. 그래서 그 과정 목표를 점검하고 차질이 있다면 더욱 분발하는 계기로 삼아야겠지. 물론 계획대로 잘 진행된다면 너는 거기서 자랑스러운 네 자신을 발견하게 될 거야."

아이는 어느 정도 이해하는 듯 했지만 어떻게 단기목표를 세워야 하는지 조금은 막막하다는 반응이었다. 물론 아이들 스스로 단기목표를 세운다는 것이 쉬운 일은 아니다. 따라서 부모는 자녀가 단기목표를 세우는 데 참여할 필요가 있다. 나는 아이에게 일단 올 연말까지와 중학교 졸업시기가 될 때까지의 1차 목표를 세워보라고 조언했다. 그리고 고등학교에서는 1년 단위로 목표를 세워보도록 했다. 단, 목표를 정할 때 '무엇을 할 것이다' 라는 표현보다 '무엇을 했다' 라는 표현을 사용하도록 했다. 마치 미래의 결과가 이미 이루어진 것처럼 말이다.

아이는 우선 중학교 2학년 말까지의 목표를 만들었고 그것을 가족 앞에서 발표했다.

나는 중학교 2학년 말에

– 매일 꾸준히 공부하는 습관이 만들어졌다.
– 운동도 매일 꾸준히 하고 있다.
– 책은 매달 두세 권 씩 꼭 읽는 습관이 생겼다.
– 학교성적은 1학기보다 평균 10점이 올라갔다.

이렇게 4가지 목표를 세웠고 우리 가족은 마치 지금 아이가 그 목표를 이룬 것처럼 박수를 치고 격려해주었다.

대부분 지금 갖고 있는 좋지 않은 습관을 바꿔서 목표로 가기 위한 좋은 습관을 만든다는 내용이었다. 성적은 일단 등수보다는 자신의 현 점수를 기준점으로 해서 도전점수를 설정한다. 이렇게 1년 단위의 목표를 세우게 되었다. 길다면 길고 짧다면 짧은 1년, 아이가 최선을 다해 산봉우리 하나하나를 점령해 성취감도 맛보고, 제 자신을 사랑하는 아이로 커가기를 간절히 바란다.

02

목표를
확정하고 다지기

세상 이야기 들려주기

목표에 가치를 더하는 일이 중요

지난 주말에 초등학교 1학년인 둘째 딸과 함께 가치사전을 작성해 보았다. 가치사전이란 사랑, 행복, 용기 등 의미 있는 단어의 뜻을 자신의 생각으로 풀이해보는 것이다. 일전에 한 번 해보았는데 그때처럼 참 재미있고 유익했었다. 하지만 여전히 나에게는 작문이 쉽지 않았다. 세상을 보는 눈이 흐릿해지고 좁아졌나 보다. 그 중에 몇 가지를 소개하겠다.

[딸]

용기 : 아빠가 사 준 두발 자전거를 자신 있게 타는 것

예의 : 엄마 친구들이 놀러왔을 때 언니랑 싸우지 않는 것

사랑 : 다른 사람을 위해 감싸주는 것

책임 : 친구 장난감을 고장 냈을 때 돈을 물어주는 것

인내 : 딸기밭 비닐하우스에서 더위를 참고 딸기를 따는 것

배려 : 화장실에서 줄을 기다리고 있을 때 양보하는 것, 아래층
    사람들이 시끄럽지 않게 뛰지 않는 것

[아빠]

책임 : 부하 직원을 시켜도 되는 일이지만 내가 기꺼이 처리하는
    것

미안 : 바깥에서 삼겹살, 오리고기, 씨푸드 등 맛난 것을 먹을 때
    부모님, 아내, 재은이, 재아의 얼굴이 떠오르는 것

성실 : 매일 운동을 하고 책을 읽고 글을 쓰는 것

배려 : 귀가 시간이 늦을 때 전화를 해주고 대중교통으로 귀가하
    는 것

사랑 : 파란 하늘처럼 높은 꿈과 푸른 바다처럼 넓은 포용력을 갖
    고 있지만 어느 때는 시퍼렇게 멍든 것 같은 그런 것

우리가 가슴 속 깊이 새기고 실천해야 할 가치를 위의 예처럼 구체적으로 적어보면 현실에서 그 가치를 실천하기 쉽습니다.

공기와 같이 소중한 가치들이 자본의 힘 앞에 점점 상실되어 가고 있습니다. 돈으로 건강, 행복, 아름다움, 겸손 등 인간 고유의 가치를 모두 소유할 수 있을 것 같은 착각 속에 우리는 살고 있습니다.

이 가치 상실의 시대에서 진정 우리가 추구해야 할 가치에 대해 다시 한 번 생각해 보았으면 좋겠습니다. 이번 주에는 주위의 소중한 사람들과 함께 아름다운 가치에 대해 글짓기 시간을 갖는 건 어떨까요?

그리고 일주일에 한 가지씩 그 가치를 실천해 본다면 이보다 더 좋을 순 없겠지요.

'구본형 변화경영연구소'의 오병곤 연구원이 쓴「생생한 가치 사전 만들기」라는 글이다. 이 글을 읽고 깊은 감동을 받았다. 오 연구원처럼 아이들의 인생을 함께 만들어가려고 노력하는 아버지가 있다는 사실에 힘을 얻었다.

위의 글은 목표에 가치를 더하는 과정의 중요성에 대해 잘 보여준다. 목표가 확실한 아이들이라고 해도 자신이 그 목표를 실현하는 것이 무슨 의미가 있고 자신과 사회에 어떤 가치를 주는지 잘 모르는 경우가 많다. 단지 통념적으로 이해하고 있을 뿐이다.

예를 들어 의사라는 직업 목표를 가진 아이가 그 직업이 갖는 의미와 가치는 이해하지 못한 채 단지 의사를 돈을 많이 버는 직업 정도로 생각하는 것이다. 부모와 사회의 편협한 가치관이 여과 없이 아이에게 투영된 결과다. 이러한 사고를 가지고 성장한 아이는 목표를 달성해 의사가 되었다고 해도 그 직업이 갖는 어려움에 처할 때마다 가치를 상실한 삶을 살 수 있다. '뭐 이렇게 돈 벌기 힘들어?' 라는 정도의 푸념을 하거나 환자를 그저 돈 버는 수단으로 보게 되는 경우다. 이러한 삶이 얼마나 아이를 불행하게 만들지 생각할수록 안타깝다. 의사 또한 업(業)에 대한 가치를 명확히 두지 않는다면 정말 어려운 직업 아닌가.

똑같은 직업을 선택하더라도 그 직업이 갖는 의미와 가치를 이해하고 있는가, 그렇지 않은가의 차이는 하늘과 땅 차이다. 사회적으로 세인의 부러움을 사는 직업을 가지고 있으면서도 자주 뉴스거리로 등장해 비난받는 사람들이 있다. 그 이유도 바로 여기에 기인하는 것이 아닐까.

이번 단계는 우리 아이들이 세상을 살아가면서 반드시 지켜야 할 소중한 '삶의 원칙' 을 세우는 과정이다. 아이들이 이해하기 어려울 수도 있다. 부모들이 쉬운 예시를 들어 충분히 조언해줄 필요가 있다.

왜 원칙 중심의 삶인가?

먼저 얼마 전 타계한 고 피천득 선생의 시 한 편을 읽어보자.

이 순간

이 순간 내가 별들을 쳐다본다는 것은 그 얼마나 화려한 사실인가
오래지 않아 내 귀가 흙이 된다 하더라도 이 순간 내가 제9교향곡
을 듣는다는 것은
그 얼마나 찬란한 사실인가

그들이 나를 잊고 내 기억 속에서 그들이 없어진다 하더라도 이
순간 내가 친구들과
웃고 이야기한다는 것은 그 얼마나 즐거운 사실인가

두뇌가 기능을 멈추고 내 손이 썩어 가는 때가 오더라도
이 순간 내가 마음 내키는 대로 글을 쓰고 있다는 것은 아무도 어
찌하지 못할 사실이다.

이 시에서 시인은 삶의 매순간에 감탄하고 그 자체를 기뻐하고
있다. 언젠가 내가 죽는다는 인식에 기반한 감정이다. 자신의 일
생을 마감할 때 선생처럼 이런 마음을 가질 수 있다면 제법 의미
있는 삶을 살았다고 할 수 있지 않을까?

우리 인간은 사회 속에서 다른 이들과 더불어 살아가는 존재이
기에 살아가는 원칙이 있어야 한다. 목표를 달성하기 위해서 수
단방법을 가리지 않는다면 자신의 득을 위해 남에게 해를 끼치는

일도 서슴지 않게 될 것이다. 아주 위험한 일이다.

그럼 원칙이란 무엇인가? 어떤 행동이나 이론 따위에서 일관되게 지켜야 하는 기본적인 규칙이나 법칙을 말한다.

스티븐코비는 『성공하는 사람들의 7가지 습관』에서 원칙은 자연법칙, 영구불변의 인간 행동지침, 보편적 진리, 순리, 기본이라고 정의한다. '시공을 초월하고 영원불변한 것, 결과가 예측 가능하며, 인간의 통제권 밖에 있으며, 양해나 수용 여부에 무관하게 작용하지만, 따르면 유능하게 되는 것'이라고 했다. 반대로 '거스르면 엄청난 대가를 치르게 되는 것'이 원칙이다.

코비는 자연법칙을 삶의 원칙에 대응시켜 설명했다. 물의 원칙을 '끈기와 근면'으로, 사계절 원칙을 '신용과 언행일치'로 비유했다. 그리고 메아리 원칙을 '황금률과 인과응보'로, 수확의 원칙을 '농부가 씨앗을 뿌려 정성을 다해 수확을 하는 순리'에 비유했다. 다시 말해 삶의 원칙은 끈기와 근면, 신용과 언행일치, 남에게 대접받고자 하는 대로 남을 대접하는 것과 같이 아주 평범한 진리이다.

또 스티븐 코비는 "원칙 중심의 삶은 우리에게 안정감을 주고 우리 삶을 올바른 방향으로 인도해주며, 자신의 정체성과 존재목적을 알게 한다. 또한 사리판단, 분별력, 이해력 같은 삶의 지혜가 생기고 인생의 방향을 인도해주는 길잡이로서 매사를 판단하거나 결정할 때 기준이 되는 삶의 지침이 생기게 된다. 그리고 성취하는 잠재력, 정신력, 기질과 능력 같은 역량이 생기게 된다"고 말한다.

그의 또 다른 저서 『원칙 중심 리더십』에는 다음과 같은 이야기가 있다.

오늘날과 같이 격변하는 세상을 살아가는 사람들이 방향을 잃지 않기 위해서는 지도(Map)만으로는 부족하다. 우리가 진정으로 필요로 하는 것은 바로 도덕의 나침반이기 때문이다.

원칙들은 나침반과 같은 것이다. 나침반은 진북(眞北)을 가리키고 있는데, 이는 객관적이고 외재적 자연법칙, 즉 원칙들을 반영한다. 이러한 원칙들에 비해 가치란 다분히 주관적이고 내재적이다. 나침반은 삶의 진실을 대변해주기 때문에 우리는 진북향의 원칙들에 대한 깊은 경외심을 가지고 우리의 가치체계를 발전시켜야 한다.

영화 「십계」를 만든 세실 비 데밀은 이런 말을 한 적이 있다. 우리가 율법을 파괴한다는 것은 있을 수 없는 일이다. 다만 우리는 율법을 어김으로써 자신을 파괴할 뿐이다. 원칙이란 오랫동안 입증되어 온 인간행위의 지침이다. 확실한 원칙들이야말로 인간의 효과성을 지배하는 것이다.

사람들은 실제생활에서 그러한 원칙에 부합되게 살아가지 못해도 여전히 그 원칙들을 신봉한다. 한 국가나 기업체의 역사를 깊이 연구해보면 그러한 원칙의 실체와 진실이 분명하게 밝혀진다. 또 사회구성원들이 이 원칙을 인식하고 인정하고 순응하는 정도에 따라 생존과 안정이냐 분열과 멸망이냐가 결정된다. 나는 어떤 토크쇼에서 "히틀러가 원칙 중심의 인물이었느냐?"는 질문에 다음과 같이 대답했다. "그는 가치를 추구한 사람이었습니다. 그는 나침반 원칙을 지키지 않았고 그에 따른 응분의 결과를 감수해야 했지요." 오늘날 우리에게 진정으로 필요한 것은 나침반이다. 나침반은 자유롭게 흔들리면서도 자북(磁北)을 가리키는 자성 바늘로 이루어져 있다.

오랫동안 자신의 길을 찾고 방향감각을 유지하기 위해 지도를 이용해온 사람들도 오늘날처럼 불투명하고 황량한 경영환경에서는 지도가 더 이상 도움이 되지 못한다는 사실을 인식하게 되었을 것이다. 이제 해결방안은 지도(가치)에 기초한 관리를 나침반(자연법칙 및 원리)에 의한 리더십으로 바꾸는 데 있다. 도덕의 나침반을 가진 사람은 아무리 힘겨운 경쟁도 이겨낼 수 있다.

안철수 박사 또한 저서 『지금 우리에게 필요한 것』에서 '각자 자신에게 맞는 삶의 철학, 즉 원칙을 가지라'고 젊은 세대에게 조언한다. 원칙을 정하는 것이 엄청난 일이라고 생각할 필요는 없다. 지금까지 살아온 삶을 되돌아보고 그 삶이나 행동에서 일관성을 찾으면 그것이 바로 자기 나름대로의 원칙이 되는 것이다. 처음부터 완벽한 원칙을 세워야 한다는 강박관념에 사로잡힐 필요도 없다. 실천해 가면서 수정하고 보강하면 된다. 그러나 그런 원칙조차 없다면 살아가는 동안 흔들리고 우왕좌왕하다가 좌절하는 경우가 생길 수 있다. 따라서 자기 인생의 원칙을 하나하나 정립하고 만들어간다면 그 삶은 한층 의미 있어질 것이다.

가치관과 가치중립의 중요성

그렇다면 삶의 가치관이란 무엇인가? 가치에 대한 관점, 인간이 자기를 포함한 세계나 그 속의 사상(事象)에 대하여 가지는 평가의 근본적인 태도를 말한다. 그것은 개인에 따라 얼마든지 차이가 있을 수 있다. 개인이 살아가며 무엇에 중심을 두고 살 것인가의 문제이다. 어떤 사람은 돈에 가치를 두고 살아간다. 또 가족이나 친구, 일, 종교, 쾌락, 복수 등에 가치를 두고 사는 사람도 있다. 물론 어느 것에 더 중점을 두고 살아가는 가는 개인의 선택이다.

하지만 '조화'라는 화두를 잊지 말아야 한다. 즉 가치중립(價値中立)을 염두에 두어야 한다는 것이다. 어떤 가치관이나 태도에도 치우치지 않는 것이 필요한데 한쪽에만 치우친다면 삶의 균형이 깨지고 삶 자체가 건조해질 수 있기 때문이다.

진정한 성공을 한 사람은 과연 누구일까? 가치를 돈에 두고 엄청난 부를 일궈낸 사람이 진정 성공한 사람일까? 개인의 가치 중심인 부를 얻은 것까지는 성공일 수 있다. 그러나 거기에서 한 발 더 나아가 축적한 부를 다른 사람이나 사회를 위해 가치 있게 쓰는 사람이 진정한 성공자가 아닐까. 다시 말해 우리는 사회 속에서 '더불어' 살아왔고 앞으로도 그렇게 '더불어' 살아갈 것이다. 그렇다면 내가 쌓아올린 부가 내 노력에 의해서만 생긴 것은 아닐 것이다. 사회적인 시스템과 보이지 않는 다른 많은 이들의 도움이 없었다면 과연 그런 결과가 나왔을까?

물론 가치관은 세상의 변화와 개인의 성장에 따라 바뀔 수 있다. 1960~1970년대에는 민주주의보다 민생고 해결이 더 중시됐다. 반면 1980년대 이후에는 경제개발 못잖게 중요한 것이 민주주의라는 생각이 급격하게 확산됐다. 이렇게 가치관은 어떤 의미에서 시대의 산물이다. 그러나 지구가 둥글다는 진리가 자명한 것처럼 삶의 원칙은 영원불변하다는 점을 이해할 필요가 있다.

아이는 부모의 거울이다

목표를 확정하고 다지는 과정은 아이 스스로 설계한 목표를 중심으로 삶의 원칙과 인생의 가치 중심을 생각하게 한다. 또 아이들이 올바른 가치체계 하에서 명확한 목표의식을 갖고 생활할 수 있도록 돕는다. 이때 중요한 것이 부모 자신의 원칙과 가치관이다. 부모의 가치관은 아이들에게 큰 영향을 준다. 일상생활에서 부모들은 자기도 모르게 아이들에게 자신의 가치관을 전이시키기 때문이다. 따라서 먼저 부모의 삶의 원칙과 가치관이 명확히 서 있어야 한다.

"한국의 부모들은 아이에게 꼭 이기라고 교육하고, 일본 부모들은 남에게 피해를 주지 말라고 교육한다. 그리고 미국 부모들은 남에게 도움이 되라고 교육한다"라는 이야기를 들은 적이 있다. 물론 이 말에 전적으로 동감하는 것은 아니지만 한번 생각해볼 필요가 있다.

다음으로 아이가 목표로 하는 직업 현장에 방문해보고, 그 일에 종사하고 있는 사람을 찾아가 조언을 듣는 시간이 필요하다. 아이의 막연한 목표를 간접적이지만 현실화시키는 과정으로서 목표를 강화하는 데 큰 도움이 될 것이다.

내 아이의 이야기

5단계는 '목표를 확정하고 다지기' 이다. 먼저 자신의 삶의 원칙과 가치관을 정립한다. 그리고 목표로 하는 직업현장에 찾아가 둘러보고 그일에 종사하는 사람에게 조언을 들어보는 것으로 진행된다.

"원칙은 우리 인생의 길잡이 같은 거야"

아이의 목표를 설계하고 실천계획을 수립한 후, 앞으로 인생을 어떻게 살아갈 것인지에 대한 이야기를 나누기로 했다. 이제는 아이 스스로 자신의 삶의 원칙과 가치를 고민해보고 정립해야 한다고 느꼈기 때문이다. 아이에게 조금은 어려운 문제이지만 지금부터 고민해봐야 한다고 생각해서 가급적 쉽게 예를 들어주었다.

"진성아, 사람이 살다보면 누구나 자신만의 원칙을 갖게 된단다. 여기서 원칙이란 무엇일까?"

뭐라고 바로 대답하기 어려운 질문이라 그런지 아이는 멈칫했다.

"쉽게 말해, 원칙은 진성이가 인생을 살아가는 데 있어서 길잡이와 같은 역할을 하는 거란다. 살아가면서 꼭 지켜야 할 신조라고 할까? 이 원칙을 지키지 않는다면 언젠가는 큰 어려움을 겪게 될 수도 있어. 예를 들어 지구 온난화에 따른 이상기후로 큰 피해를 입었다는 뉴스를 본 적 있지?"

"예, 얼마 전에도 그런 뉴스가 있었어요."

"그래. 거기서도 우리는 원칙을 발견할 수 있단다. 사람들이 자연의 소중함을 알고 지키며 더불어 살아가는 것, 그것이 바로 원칙이야. 그런데 그 원칙을 무시하고 지키지 않으면 어떻게 될까? 자연을 훼손하고 파괴하거나 매연을 내뿜는 등 원칙을 위배하면 그로 인한 지구 온난화 현상으로 사람들이 피해를 입게 될 꺼야. 그래서 원칙은 절대적으로 지켜져야 하는 거란다. 다른 예를 들어볼까? 얼마 전에 유명 연예인이 불법으로 병역의무를 피해서 사회적으로 지탄을 받고 다시 군에 입대해야 한다는 뉴스 들었지?"

"예, 예전에도 그런 일이 있었어요."

연예인 얘기가 나오자 아이가 바로 반응을 한다.

"그런 경우도 마찬가지야. 국민으로서 지켜야 할 의무, 곧 원칙을 지키지 않아 그동안의 모든 노력이 한 순간에 수포로 돌아간 사례지. 이제 삶의 원칙이 무엇인지 이해하겠니?"

"예, 알 것 같아요."

"그렇다면 진성이가 살아가며 지켜야 할 원칙으로는 어떤 것이 있을까? 물론 여러 가지가 있겠지만 그 중에서 더 중심을 두고 살아갈 원칙들이 있을 거야."

아이는 곰곰이 생각에 젖어 있다.

"응, 거짓말하지 않고 솔직하기, 군대에는 꼭 가야겠지요. 하하…. 그리고 음… 열심히 공부해야겠고, 다른 사람에게 피해를 주면 안돼요."

갑작스러운 질문에 바로 대답한 것을 봐서 어느 정도 이해를 하는 것 같았다. 더 이상 질문하지 않고 다음 대화 시간까지 한 번 더 고민을 해보도록 했다.

"진성아, 아빠는 열정적인 삶, 도전정신, 진솔함을 우선적인 삶의 원칙으로 삼고 살아가고 있단다. 물론 일반적인 준법정신이나 다른 사람에 피해를 주지 않겠다는 생각은 기본적으로 품고 있지. 아빠의 좌우명은 '일신우일신(日新又日新)'이야. 날로 새로워진다는 뜻인데 자신을 새롭게 한다는 것은 곧 세상을 새롭게 한다는 뜻이기도 하단다. 좀 어렵게 여겨지겠지만 한 번 더 깊이 고민해보자."

어린 자녀들이 삶의 원칙을 이해하는 것이 어려울 수 있다. 그럴 때는 다른 사람의 예를 들어주는 것이 이해를 높이는 데 도움이 된다. 이 단계에서는 다른 사람들의 삶의 원칙을 참고할 책(위인전이 대표적이다)이나 각종 포털 사이트의 블로그를 이용해볼 것을 권한다.

어느 한 가치에만 치우쳐 산다면 행복할까?

다음으로 가치 중심에 대한 이야기를 시작했다.

"진성아! 인간은 누구나 자기가 중요하게 생각하고 추구하는 가치가 있단다. 앞에서 이야기한 원칙은 영원불변해서 누구나 지켜야 할 법칙이라고 했지? 그렇지만 가치는 사람마다 다를 수 있어. 어떤 사람은 돈에 가치 중심을 두고 살아가기도 한단다. 그 사람에게는 돈이 인생의 가치를 판단하는 지표야. 이외에도 사회적 지위나 명성, 가족, 일, 친구, 종교, 봉사, 쾌락 같은 것에 가치 중심을 둘 수 있겠지. 친구를 가치 중심에 두고 사는 사람은 다른 어떤 것보다 친구를 우선으로 생각해서 행동하겠지? 이렇게 사람마다 중시하는 가치가 각각 다르단다.

무엇이 옳고 그름은 없어. 하지만 어느 한 가지 가치에만 지나치게 치우쳐 산다면 어떨까? 예를 들어 돈을 가장 중요한 가치로 생각하는 사람이 있다고 하자. 그 사람은 오로지 돈을 많이 모으는 것이 최고라고 생각하며 살아갈 거야. 그렇지만 그렇게 많은 돈을 모았다고 해도 가난한 이웃에게 베풀 줄 모른다면 그 사람이 사회에 주는 긍정적인 영향은 별로 없겠지?"

"네, 맞아요." 아이가 공감을 표했다.

"똑같이 돈을 모으더라도 불우한 이웃을 위해 봉사하는 삶을 사는 사람은 어떨까? 평생 고생하며 모은 돈을 대학교에 장학금으로 기부했다는 할머니 이야기를 들어본 적 있을거야. 아빠는 이렇게 세상과 함께 더불어 살아갈 때 그 가치가 더욱 빛나는 것 같다. 진성이는 무엇에 더 가치를 두고 살고 싶니?"

아이는 잠시 생각하는 눈치더니 이렇게 답변했다.

"저는 사회적 지위와 가족에 중심을 두고 살고 싶어요."

"그래, 좋은 생각이네."

여기서 옳고 그름은 없다는 전제를 명심하고 아이와 대화를 하는 것이 중요하다. "사회적 지위는 무슨, 요즘 세상은 돈이 최고야. 돈만 있으면…" 이런 식으로 찬물을 끼얹는 소리를 해서는 안 된다.

"진성아, 아빠는 그동안 가치 중심을 일에만 두고 살았다고 해도 과언이 아닐 정도였어. 진성이도 잘 알고 있지?"

아이는 그 뜻을 이해하지 못 했는지 의문에 찬 표정을 짓는다.

"하하, 아빠가 너무 어렵게 이야기했구나. 얼마 전까지만 해도 아빠는 일에 모든 가치 중심을 두고 살았단다. 그래서 일 외에는 관심이 적었어. 그래서 가족들에게도 소홀했고 건강도 나빠졌지."

그때서야 아이는 말뜻을 이해하고 "맞아요. 아빠는 매일 늦게 들어오시고 나하고 놀아주지도 않았고, 서로 이야기도 안 하고 어쩌다 가끔씩 보면 혼내기만 했어요."

내가 말을 잘못 꺼냈다는 생각이 들 정도로 아이는 그동안 쌓인 불만을 늘어놓는다. 말리지 않으면 밤이라도 새울 기세다.

"진성아, 네가 불만스러워 하는 것 아빠도 알아. 그래서 정말 반성해. 이렇게 아빠처럼 어느 한 가지에만 가치 중심을 두고 살아가면 이런 부작용이 따를 수 있다는 이야기를 하고 싶구나."

"예, 무슨 말씀인지 알겠어요. 하지만 아빠가 요즘은 정말 많이 바뀌어서 좋아요. 저하고 대화하는 시간도 많이 늘었고 그리고 나를 이해해줘서 가장 좋고요. 또 아빠가 일찍 퇴근하는 날도 가끔 있고 그럴 때 운동도 열심히 하시고 책도 많이 읽는 것 같아 보기 좋았어요. 엄마도 얼마 전에 저한테 아빠가 변한 것 같지 않냐고 하시던데요?"

간신히 아이에게 칭찬을 듣고 수습이 되어갔다. 내가 예전 모습 그대로였다면 아이의 마음속에 아빠에 대한 불만이 갈수록 쌓였을 것이다. 그러다가 어느 순간 무관심한 대상이 되어 아빠는 있으나 마나한 존재가 되었을 거란 생각이 떠오르자 정말 오싹했다.

지금이라도 변하길 정말 잘했다. 나는 가족들이 내게 이런 불만을 가지고 있을 줄 정말 몰랐다. 밤늦게까지 일하는 것이 모두 가족을 위한 것이라고 생각해왔기 때문이다. 이렇게 아이를 위해 시간을 마련한 덕을 아이보다 오히려 내 자신이 더 많이 보고 있다는 생각이 들었다.

"아빠도 노력해 보려고 한단다. 그리고 일을 소홀히 할 수는 없지만 일에 충실하면서도 가족과 아빠의 미래의 꿈, 건강도 같이 중요하게 생각하고 살아가기로 결심했어. 이렇게 생각을 바꾸고 생활하다보니 오히려 요즘은 일도 예전보다 더 즐겁게 열심히 하고 있단다. 주중에 열심히 일하면 주말에는 아빠가 좋아하는 운동도 할 수 있고, 책도 읽으며 아빠가 글을 쓰는 시간을 가질 수 있다는 설렘이 생겼어. 그러니 일도 즐겁게 할 수 있지."

아이는 고개를 끄덕이며 공감을 나타냈다.

"그런데 아빠에겐 마음은 있는데 한 가지 못하고 있는 것이 있단다. 그것은 내가 사회에서 얻은 것을 다시 사회에 베푸는 삶을 사는 거야. 물론 돈이 없다고 베풀 수 없는 것은 아니야. 내가 얻은 기술이나 지식을 다른 사람을 이롭게 하기 위해 사용하는 것도 큰 의미가 있어. 예를 들어 의술을 배운 사람이 그 의술을 다른 사람의 소중한 생명을 살리는 데 쓰는 것은 가치 있는 일이지. 그렇지만 그런 행동에 대한 대가를 받는 것이 현실이잖니? 때로는 그런 대가를 받지 않고 자신의 의술을 어려운 사람이나 가난한 나라에 가서 평생 무료로 베풀며 사시는 분들도 있단다. 바로 이처럼 사람마다 추구하는 가치는 달라. 진성아, 우리 언제 시간을 내서 아빠랑 같이 봉사활동을 시작해보지 않겠니?"

"예, 생각해볼게요."

"진성이는 경찰이 되는 게 목표잖아? 그런데 경찰이 되고자 하는 이유가 무엇인지 한 번 더 생각해보렴. 단순히 나만을 위해 경찰이 되려는 것은 아니겠지? 아까 이야기처럼 사회적 지위를 얻고 가족을 위해 살아간다는 것도 좋지. 그렇지만 그것은 네 자신과 가족에만 가치 중심이 몰려 있는 게 아닐까? 더 넓게 생각해보렴. 아빠 생각에 경찰은 누구보다도 사명감이 높아야 하는 직업인 것 같다. 처음 진성이가 희망하는 직업을 찾을 때 경찰이 되고 싶은 이유를 '드라마에서 경찰이라는 직업이 멋지고 값진 일이라는 것을 알았다. 그리고 경찰은 여러 사람에게 존경받는 직업 같다'고 한 것으로 기억하는데, 맞지?"

아이는 지금의 대화가 직업을 선택하는 이유를 고민하라고 했던 것과 연결되는 걸 느끼는 것 같았다.

"네, 맞아요. 다른 사람들에게 도움을 주는 일이라 값진 일이라고 생각했어요."

"그래, 경찰이 되어 너와 가족은 물론 다른 사람에게도 도움이 되는 일을 한다면 더 값지지 않겠니?"

"원칙과 가치 중심은 나중에 커서 만들어도 되잖아요"

아이는 일주일 동안 몇 차례 내게 질문을 하며 고민을 했다. 하지만 여전히 가치 중심을 가족과 사회적 지위로 설정하고 있었다. 아이의 생각이 아직은 자신과 가족에 치우쳐 있다는 것을 느꼈다. 어쩌면 당연한 생각인지 모른다.

나는 아이에게 얼마 전에 직업을 선택할 때 경찰이 되려고 생각했던 이유에 대해 다시 한 번 물었다. 이 과정에서 아이가 반발심을 드러냈다.

"아빠, 원칙과 가치 중심은 나중에 커서 만들어도 되는 것 아니에요? 왜 지금 이런 것을 만들어야 하는지 잘 모르겠어요."

아이는 불만에 찬 목소리로 저항하듯 말했다. 갑자기 분위기가 썰렁해진다. 예전 같으면 이런 상황에 윽박지르거나 화를 냈을 것이다. "그냥 하라면 해!" 이런 투로 말이다. 하지만 마음을 진정시키고 차분하게 아이를 이해시키기로 했다. 아마도 복잡한 사고의 과정들이 거부감을 준 것 같았다. 아이의 나이에는 그렇게 생각하는 것이 당연하겠지만 목표 직업을 결정한 이상, 직업의 특성에서 생기는 중요한 직업적 가치도 고민해봐야 할 것이다. 경찰이 되고 난 후에 이런 직업적 가치를 생활의 중심에 두고 살 겠다고 다짐해도 늦지는 않겠지만, 지금부터 직업적 가치를 염두에 두고 생활하는 것이 아이의 생활태도에 긍정적 영향을 줄 것이다.

나는 감정적인 대응을 자제하고 최대한 차분하고 자세하게 아이에게 설명해주었다. 아이의 반응이 당연할 수 있다. 오히려 낯선 과정들을 진행하며 문제가 없는 것이 더 이상할 수 있다.

"경찰이라는 직업의 특성은 무엇일까? 경찰이나 소방관이라는 직업은 어떻게 보면 자신보다 남을 먼저 생각하고 배려하는 특성을 가지고 있다고 생각해. 진성아, 우리가 지금 편히 쉴 수 있는 것도 다 그분들이 지금 봉사를 하고 계시기 때문이 아닐까?"

"예, 맞아요."

"모든 직업이 다 그렇겠지만 특히 경찰이라는 직업은 우선 나보다는 다른 사람을 위해 봉사하고 헌신하는 자세가 필요해. 그런데 진성이는 경찰이 되고 싶은 이유로 경찰이란 직업이 멋지고 값진 일 같고 존경받는 직업 같기 때문이라고 했어. 또 가치 중심을 사회적 지위에 두고 살겠다고 했지. 만약 진성이가 기본적으로 남을 위해 봉사하고 헌신하는 자세로 생활하지 않는다면 과연 존경받을 수 있을까? 모든 직업에는 우리가 단순히 생각하는 것처럼 좋은 면만 있는 것이 아니란다. 어려운 면, 나를 희생해야 하는 일들이 있기 마련이지."

아이는 잠시 생각하는 것 같았다. 아마도 자신의 생각을 정리해 볼 시간이 필요한 것 같았다. 사실 이런 고민을 그동안 같이 해본 경험이 없으니 당연한 귀결이다.

"아빠, 제가 경찰이 되어 봉사하고 헌신하며 생활하면 자연히 존경받는다는 말씀이죠?"

"응, 그렇지. 사회적 지위를 얻고 존경받는 것은 결과라고 보면 돼. 그 결과는 네가 어떤 태도로 살아가는가에 달려 있어. 남을 위해 봉사하고 헌신하는 자세로 산다면 자연히 존경도 받고 사회적 지위도 올라가지 않겠니? 하지만 그런 자세 없이 높은 사회적 지위만 탐낸다면 승진을 위해 상관에게 뇌물을 갖다 바치는 경찰이 될 수도 있어. 그런 사람이 스스로에게 떳떳하고 남들에게 과연 존경받을 수 있을까?"

보다 심도 있는 대화를 하고 난 뒤 아이의 가치 중심이 보완되었다. 처음 경찰이 되고자 한 이유를 직업적 가치에 연결시켜 재정립한 것이다. 여러 과정을 거치며 처음 찾아온 위기였다. 아이의 마음을 잘 달래고 이해시키려 노력했다. 아이도 그런 아빠의 태도를 보고 자신이 반발한 것에 조금은 미안한 마음이 드는가 보다. 아마 예전처럼 그런 상황에 일방적으로 지시하거나 꾸지람을 했다면 대화는 오래 지속되지 못했을 것이다.

일주일 후에 아이는 자신의 삶의 원칙과 가치를 정리해왔다.

내 삶의 원칙과 가치관

원칙

1. 나의 행동 하나하나가 양심에 그르치는 일이 없도록 해야 된다.
2. 나의 행동 때문에 다른 사람이 피해를 입으면 안 된다.

가치관

1. 가족 : 나는 가족에 대한 애정이 깊은 편이다. 가족은 내가 살아가는 데 있어서 무엇보다 중요한 것이다. 가족은 나에게 든든한 버팀목이다.
2. 사회적 지위 : 사회적인 지위가 있으면 가족에게도 힘이 될 수 있다고 생각한다.
3. 봉사와 헌신 : 내가 경찰이 되면 가족과 사회적인 지위만으로는 부족하다. 봉사와 헌신을 통해 비로소 인정과 존경을 받을 수 있을 것 같다.

경찰이 되려는 이유

1. 남에게 존경을 받는 직업이다.
2. 남을 위해 봉사와 헌신을 하므로 의로운 직업인 것 같다.
3. 경찰이 되면 일을 통해 보람을 느낄 수 있으므로 내가 생각하는 직업 중 좋은 직업인 것 같다.

성인들 중에도 이런 고민을 통해 삶의 원칙과 가치관을 정립하고 사는 사람은 그리 많지 않을 것이다. 그럼에도 불구하고 아이들에게 생소한 삶의 원칙과 가치관을 정리해보라는 것이 무리가 아니냐고 질문할 수 있다. 하지만 부모의 시각에서 완벽한 것을 기대하는 마음은 버려라. 아이들에게 삶의 원칙을 세워야 하고 가치 중심이 있어야 한다는 생각만 갖게 해도 큰 성과다.

삶의 원칙과 가치관은 아이들이 성장하면서 계속 보완해야 할 과제이다. 성장할수록 생각의 폭도 자연스럽게 넓어질테니 여기에서 무리하게 접근하지 않았으면 한다. 이런 대화만으로도 지금까지 아이들에게 정립된 사고체계를 이해하는 데 큰 도움이 될 것이다.

"진성아, 앞으로도 이번에 세운 너만의 삶의 원칙과 중심 가치를 염두에 두고 생활하도록 노력하자. 만든 것이 중요한 것이 아니라 생활 속에 너의 태도로 나타나야 그것이 정말 가치 있는 거니까."

백문이 불여일견, 목표대학을 방문하다

진성이는 경찰이 되겠다는 목표를 설계하고 경찰대학 입학을 중간목표로 잡았다. 하지만 아직까지 막연한 상태라는 생각이 든다. 백문불여일견(百聞不如一見)이다. 백 번 듣는 것이 한 번 보는 것보다 못하다는 뜻이다. 마쓰시타 고노스케는 여기서 한발 더 나아가 백문백견(百聞百見)이 불여일험(不如一驗)이라는 신조어를 만들어냈다.

세상에는 아무리 눈으로 봐도 그 본질을 쉽게 파악할 수 없는 것도 있다. 예를 들어 소금도 눈으로 보기만 해서는 본질을 알 수 없고 직접 혀를 대서 맛을 봐야 비로소 소금이 어떤 맛인지를 알 수 있다. 이처럼 세상에는 체험을 거쳐야 비로소 사물의 본질을 파악하고 이해할 수 있는 일이 많다.

– 『사원의 마음가짐』 중에서 –

예측하건데 아직 진성이에게 경찰대학에 입학하겠다는 목표는 막연한 생각에 머물러 있을 것이다. 따라서 나는 진성이가 직접 경찰대학에 다녀오는 것이 좋겠다는 생각이 들었다. 직접 가서 눈과 마음으로 느끼고 오는 것이 백번 듣는 것보다 나을 것 같았다. 물론 학교에 방문해서 장차 선배가 될 학생들과 대화해 볼 기회가 있다면 더더욱 좋을 것이다. 그리고 경찰대학 정문 앞에서 사진을 찍어 아이가 수시로 접하는 곳에 붙여줄 요량으로 디지털 카메라를 들려 보내기로 했다. 아이의 의지가 약해지려 할 때마다 이 사진이 조금이라도 도움이 된다면 하는 소망으로….

며칠 뒤 진성이는 경찰대학에 다녀왔다. 원래 나와 같이 갈 계획이었는데 친한 친구랑 함께 다녀오겠다고 해서 허락했다. 아이는 다녀와서 느낀 점을 나와 아내에게 이야기했는데, 소감을 한번 글로 정리해보도록 했다. 자신의 생각을 글로 정리하면 좀 더 생각이 강화될 수 있기 때문이다.

경찰대학 다녀온 소감!!

나는 나의 목표인 경찰이 되기 위해 경찰대학을 다녀왔다. 하지만 어려운 점도 많았다. 우리 집과 너무 멀었기 때문이다. 지하철을 타고 버스 갈아탄 시간까지 대략 1시간 정도 될 것이다. 순전히 나 때문에 가준 성혁이에게도 고마웠다.

내가 생각했던 경찰대학의 이미지와는 조금 달랐다. 정문에는 웅장한 문이 있었다. 거기서 성혁이랑 나랑 사진을 찍었다. 앞에는 경찰대학이라고 씌어 있었고 뒤쪽에는 세 가지의 단어가 있었다. 우선 왼쪽에 있던 단어는 '정의' 이다. 정확한 뜻은 아니겠지만 난 곰곰이 생각해 보았다. 정의는 경찰이라는 직업을 통해 자부심을 가지고 정의롭게 살아가라는 얘기 같았다. 그리고 오른쪽에는 '명예' 라는 단어가 쓰여 있었다. 명예는 경찰로서의 명예를 지키라는 뜻 같았다. 마지막 단어는 '조국' 이다. 내가 생각하는 조국은 경찰로서 나라와 조국을 위해 살아가라는 얘기 같았다. 이렇게 정문의 세 단어의 의미를 생각해 보다가 학교 안으로 들어갔다.

생각보다 경사가 심해서 더운 날씨에 무척 힘들었다. 올라가다 보니 경찰대학 형들이 내려오고 있었다. 길을 물어 보려고 갔는데 형들이 먼저 우리가 헤매고 있는 것 같아 보였는지 친절하게 길을 알려줬다. 내가 그때 질문을 하나 했다.

"저…, 경찰대학 들어가려면 공부를 얼마 정도 해야 돼요?" 형들 중 한 명이 "우리 학교에 합격하려면 공부를 엄청 잘해야 하고, 아! 특히 영어를 잘해야 돼"라고 말한 뒤 버스를 타고 갔다.

난 다시 올라가서 구경을 좀 하다가 다시 내려왔다. 날씨가 너무 더워서 성혁이는 쓰러지려고 했다. 집으로 돌아오기 전에 성혁이 휴대폰을 고치러 갔었는데 너무 늦게 와서 서비스센터가 문을 닫아 내가 더 미안해졌다.

오늘 하루는 너무 피곤했다. 여러 가지 경험을 해서 좋았고 나름대로 재미도 있었다.

느낀 점과 각오 : 내가 경찰대학을 다녀와서 느낀 점은 다시 한 번 경찰대학에 합격하기가 어렵다는 것이었고, 정문에 있는 정의, 명예, 조국을 새기면서 앞으로 공부를 더 열심히 하고 체력을 키우는 데 노력을 해야겠다는 점이다.

아이는 다른 사람의 입을 통해 자신이 무엇을 해야 하는지 들었다. 이는 부모가 반복해서 하는 말보다 더 효과적일 수 있다. 부모가 굳이 말하지 않아도 이제 아이는 자신이 무엇을 위해 어떻게 노력해야 하는지 알게 된 것이다.

이후 아이가 경찰대학 정문 앞에서 찍은 사진을 크게 출력해 책상 위에 액자로 만들어 걸어주었다. 또 컴퓨터 바탕화면에도 사진을 깔아주었다. 아이가 늘 목표를 염두에 두고 생활하기를 빌면서….

03

확정된 목표를 형상화해
자신의 Vision 발견하기

세상 이야기 들려주기

가슴 뛰는 청사진, 비전의 힘

디즈니랜드의 창업자 월트 디즈니는 '지구상에서 가장 행복한 꿈의 동산'을 만들겠다는 비전을 가지고 있었다. 이 같은 비전으로 시작된 디즈니 테마파크는 모든 직원들이 하나가 되어 세계 초일류로 운영되고 있다. 지금 월트 디즈니는 세상을 떠나고 없지만, 그의 비전은 여전히 살아 있다. 이것이 바로 비전의 힘이다.

월트 디즈니는 원래 만화광으로 캔자스시의 한 신문에 삽화나 만화를 그리는 만화가였다. 초기 단편 만화영화를 만들어 상영했지만 실패를 경험하고 21세에 할리우드로 진출해 〈만화동산의 앨리스〉라는 단막 만화영화를 만들어 기반을 쌓았다. 디즈니는 무려 20년간의 노력 끝에 아무도 생각지 못했던 꿈의 동산, 디즈니랜드에 대한 계획을 실현시켰다. 초지일관 자신의 뜻을 관철시킨 것이다. 디즈니가 '꿈의 놀이동산'에 대한 비전을 갖게 된 시기가 1930년대 일용할 양식을 걱정하던 때였다는 것은 정말 놀라운 일이다. 그가 나름대로 확고한 비전을 갖고 일찍 그러한 모험에 도전해 꿈을 실현한 점에 주목할 필요가 있다.

비전을 정의하기는 쉽지 않지만 비전이 단순한 아이디어에 그쳐서는 안 된다. 비전은 현재와 미래의 표상이며 논리와 감성에 동시에 호소한다. 또 사리에 맞으며 강한 성취 의욕을 불어 넣어 준다. 현실을 직시하고 이를 기반으로 더 나은 미래를 정의하는 것, 내 인생의 길잡이가 되는 것이다.

『핑(ping)』의 저자 스튜어트 에이버리 골드는 "내가 진정 누구이며 무엇이 되고 싶은지, 내가 가야 할 길이 어디인지 알려주는 것이 바로 비전(Vision), 즉 진정한 눈이다"라고 했다. 그리고 비전은 "삶의 방향을 설정해주는 가슴 뛰는 청사진"이라고도 했다.

이제 우리 아이들이 자신의 인생의 길잡이가 될 비전을 찾도록 도와야 한다.

여러 가지 사례들이 있겠지만 칭기즈칸에 대해 이야기해보자. 『밀레니엄맨 칭기즈칸』의 저자 김종래의 특강 내용을 소개한다.

지금으로부터 800년 전에 21세기를 살다간 사람, 바로 칭기즈칸이다. 칭기즈칸 시대에 정복한 땅은 무려 777만 평방킬로미터

에 이른다. 알렉산더 대왕과 나폴레옹, 히틀러가 차지한 땅을 합친 것보다 넓다. 그들은 자신보다 100~200배 덩치가 큰 나라들을 아우르며 150년간 세계 제국을 지배했다. 그들의 성공비결은 무엇에 있을까? 바로 '꿈'이다. 꿈을 꾸면 얼마든지 현실로 이뤄낼 수 있다는 신념으로 '열린 사고'를 할 때 비전이 공유될 수 있다.

칭기즈칸은 많은 추정자를 거느리고 있었다. 추종자가 많은 리더와 복종자가 많은 리더의 차이는 무엇일까? 추종자가 많은 사람은 남의 마음을 잘 헤아릴 줄 아는 진정한 리더이다. 복종자가 많은 사람은 남을 굴복시키려 하는 무늬만 리더인 사람이다.

그렇다면 칭기즈칸이 많은 추종자를 거느릴 수 있었던 이유는 무엇일까?

첫째, 조직원의 근본, 공통의 욕구를 충족시키는 비전을 제시하고 공유했기 때문이다. 리더십의 출발점은 꿈을 결집시키는 능력이다. '한 사람의 꿈은 꿈이지만 만인의 꿈은 현실'이 된다.

둘째, 그는 실천형 리더였다. 몽골인들을 결집한 힘은 꿈이었지만, 그들이 '저 사람을 따르면 내 꿈이 이루어질 것'이라는 믿음을 갖게 한 것은 그가 말보다 행동이 앞서는 실천형 리더였기 때문이다. 그는 자기 주변에서부터 투명한 삶을 살았다. 심지어 자기 동생한테도 예외를 두지 않았다.

셋째, 분배의 기준과 공로를 명확히 했다. 칭기즈칸은 늘 분배의 논리를 정확히 지켰고 공을 세운 자만이 나눌 수 있도록 했다. 이 점을 확실히 실천했다. 이와 같이 추종자들이 모인 집단은 하나가 된다.

목표에 비전이라는 날개를 달면 신념이 생긴다

앞 단계에서 목표를 확정했으면 삶의 원칙과 가치관을 정립하라고 했다. 이제 마지막으로 자신의 비전을 찾는 과정이 필요하다. 비전은 원대한 꿈이며, 실로 엄청난 위력을 가지고 있다. 칭기즈칸의 사례에서 보듯 그 위력은 막강하다.

자신의 목표에 비전이라는 날개를 달면 '신념'이 생긴다. 신념은 역경을 뚫고 전진할 수 있도록 강인한 용기를 샘솟게 한다. 신념은 마력을 가지고 있어서 목표를 향해 나아가는 과정에서 역경과 고난에 흔들리지 않고 자신의 길을 개척해가는 힘을 준다. 뿌리 깊은 나무가 바람에 흔들리지 않듯이 비전이란 바로 내 삶의 깊은 뿌리가 된다.

나는 비전이 주는 힘을 확신한다. 인생의 비전이 있는 사람은 그 어떤 어려움에도 좌절하지 않고 일생동안 자신의 비전을 이루기 위해 가치 있는 삶을 살아간다.

내 아이의 이야기

6단계는 자신의 삶에 가치를 부여하는 '비전 만들기'와 비전명함(꿈의 명함) 만들기 과정이다.

나의 기도문과 꿈의 명함

나 역시 2001년에 구본형 변화경영연구소장의 조언에 따라 목표를 설계했고 '나의 기도문'을 작성했다. 나의 기도문은 인생을 살아오는 동안 자신이 소중하게 생각하는 것, 간절히 바라는 것을 정리한 것이다.

이것은 일상을 조직해 나가는 생활의 지침이자 양보할 수 없는 삶의 나침반 역할을 한다. 그리고 미래의 내 모습을 그려보며 '꿈의 명함'을 만들었다. 2001년 1월 1일에 만든 명함을 지금도 지갑과 차에 소중히 간직하고 있다. 마음이 약해질 때마다 '꿈의 명함'은 나를 반성하게 하고 갈 길을 일깨워 주는 소중한 인생의 동지가 되었다. 진성이에게도 내 꿈을 이야기하며 명함을 보여 줬다.

'나의 기도문'과 '꿈의 명함'을 소개한다. 다른 사람의 눈에는 보잘것없어 보일지 모르지만 내게는 소중한 인생의 지표가 되어 왔다.

나의 기도문

내가 성장하며 하고 싶었던 일을 이제야 시작합니다.

늦었다고 생각하지만 지금이라도 이런 결정을 내리도록 해주신 것에 감사합니다.

나에게는 뜨거운 열정이 있습니다.

현재의 능력은 초라하지만 내게 주어진 열정과 그 밖의 장점을 최대한 살린다면 나는 할 수 있습니다.

나는 반드시 전문가로 성장할 것이고, 전문가로서 기업과 조직원에게 나의 지식과 열정을 전파하여 나로 하여금 좋은 영향을 받을 수 있도록 할 것입니다.

나는 1인 기업의 대표자로, 전문가로 이름을 알릴 겁니다.

2001년 1월 1일

나의 꿈의 명함

L Consultant
(리더십 컨설턴트)

오 평 선

Tel   00-000-0000
Mobile   011-269-0000
Homepage www.opseon.com
         opseon@opseon.com

　　그러나 시간이 지날수록 무언가 부족하다는 느낌이 들었다. 내 가슴을 설레게 할 무언가가 부족했던 것 같다. 2001년 제2의 직업 목표와 중간 기착점을 설정하고 5년 정도 꾸준히 준비를 해왔지만 목표는 있어도 목표를 이끌 동력인 비전이 없었다. 중간목표가 추상적이었다는 것이 문제였다. 그리고 인생 후반 계획이 직업목표로 한정돼 있었다는 점이 아쉽게 느껴졌다. 이런저런 이유로 나름대로 꾸준히 노력했지만 어느 순간 어려움이 조금만 찾아와도 방황하기 일쑤였다.

　　그러던 중 구본형 소장의 강의를 듣게 됐다. 그 강의를 통해 나는 나를 설레게 할 비전을 세우고 나의 미래 모습을 전체적인 시각에서 구체적으로 상상할 수 있었다. 생각만 해도 가슴 설레고 뿌듯한 나를 발견하고 꼭 이루고 싶은 미래의 나를 생생하게 시각화할 수 있었다. 그 후로 목표를 향해 더욱 적극적으로 도전하며 생활하고 있다. 강의 중에 구본형 소장은 미래 비전을 구체화하기 위한 방법으로 세 가지를 제시했는데 그 내용을 소개한다.

10분 정도의 장례식 스피치

　　만약 당신이 죽는다면, 그리고 오늘이 장례식이라면? 장례식에서 10분간 스피치(speech)할 기회를 하나님으로부터 부여받았다면, 당신은 무슨 이야기를 할 것인가? 당신의 가족과 동료, 사랑하는 이들에게 남기고 싶은 이야기를 적어보자.

　　누구나 죽음 앞에서 돌이켜본 지난날이 회한과 아쉬움으로 가득하기보다는 의미와 보람으로 충만하기를 소망할 것이다. 멋진 장례식 스피치를 위해서는 우선 멋지게 살아야 한다. 그런 점에서 장례식 스피치를 작성하는 것은 앞으로 어떻게 살아가겠다는 미래에 대한 결의를 다지는 행위와 다를 바 없다. 장례식 스피치를 작성해서 보관해두고 계속해서 수정해 나간다면 의미 있는 삶의 지표가 될 것이다. 필자가 정리한 내용을 참고로 소개한다.

나의 장례식 스피치

인간은 누구나 한 번 생을 마감하는 순간을 맞이합니다. 내게도 피할 수 없는 순간이 찾아왔습니다. 뒤돌아보면 많은 것들이 아쉽기만 하네요. 나와 평생을 같이 한 가족과 일을 통해 그래도 나는 삶의 순간순간마다 행복을 느꼈습니다.

내가 40여 년 동안 일을 하며 가장 자부심을 느끼는 것은 남을 변화시키는 일을 해왔다는 것입니다. 다른 사람에게 조금이라도 삶의 가치를 더하게 했다면 그것만으로도 만족한 삶을 살았다고 생각합니다.

물론 아쉬움도 많습니다. 내 자신의 한계를 스스로 만들고 더 도전적으로 삶을 개척하지 못한 것 같습니다.

나의 가족들, 사랑하는 나의 아내. 내가 어려운 상황에서 당신을 만나 남아 있는 삶 동안 행복을 느끼게 해준 당신에게 고맙다는 말을 전하고 싶습니다. 일생 동안 아내로, 애인으로, 동료로, 친구로 내 곁에 항상 같이해준 당신을 사랑합니다. 당신의 남은 삶이 행복한 시간이 되기를 바라며 다음에 다시 만나기를 기원합니다.

사랑하는 내 딸. 내가 가장 마음에 걸리는 사람이 바로 너였다. 네가 가장 필요로 할 때 아빠로서 역할을 잘 못한 것 같아 너무 미안하다. 그런데도 불구하고 이렇게 잘 자라서 사회에서 필요한 사람이 되어준 내 딸이 정말 자랑스럽구나. 행복하게 살아라.

사랑하는 아들. 너는 정말 의젓한 아빠의 자식이었다. 어려운 상황이 있었지만 너는 참 대견하게 잘 극복해주었어. 네가 사회생활을 하며 다른 사람들에게 좋은 영향을 주고 존경받는 모습을 보니 참 행복하구나. 앞으로도 가치 있는 인생을 살아라.

그리고 사위, 며느리, 내 손자 손녀들. 너희들과 한 가족으로 살았다는 것에 감사한다. 뒤돌아보니 인생은 참으로 짧다는 생각이 드는구나. 살면서 가급적 좋은 마음으로 행복하게 살기를 바란다.

앞으로 10년 뒤, 나는? 10대 풍광 그리기

앞으로 10년 뒤, 미래의 시점에서 지난 10년간 자신의 삶을 돌아보는 '미래에 대한 회고'를 써보자. 이를테면 서기 2018년으로 가서 지난 10년을 돌아보는 것이다. 2008년부터 2018년까지 가장 바람직하게 느껴지는 장면 10개를 그려보라. 가장 보고 싶은 장면 10개를 이미 발생한 과거로서 그림이 그려질 만큼 명쾌하게 묘사해보는 것이다.

이 과정을 통해 미래에 대한 기대치를 높일 수 있다. 대다수의 사람들이 미래에 대한 그림을 그릴 때 현재의 제약 때문에 앞으로 나가지 못한다. 이런 정신적 제약을 뛰어넘기 위해 10년 앞으로 가서 미래를 회고하는 방법을 써보는 것이다.

성공이란 결국 나 자신이 만족할 수 있는 내가 되는 것이다. 성취 지향적인 사람은 성공과 실패 확률이 50대 50 수준에서 도전 목표를 정한다. 반면 실패하는 사람은 아주 낮거나 아주 높은 목표를 잡는다. 목표를 낮게 잡으면 쉽게 목표를 달성할 수 있으나 결과에 만족하기 어렵고, 목표를 아주 높게 잡으면 어차피 실패 가능성이 높으니 실패해도 스스로 위안 삼는다.

내 전부를 걸고 열심히 하면 얻을 수 있는 도전적인 장면을 10개 그려보자. 10대 풍광 역시 살아가면서 계속 업그레이드해야 구체화된다. 역시 내가 작성한 것을 참고해보기 바란다.

10년 뒤, 나의 10대 풍광

풍광 1 나는 청소년리더십센터 소장으로 청소년 대상의 비전설계과정을 진행하고 있다. 그동안 많은 청소년들에게 비전을 발견할 수 있도록 도움을 주며 열정적인 삶을 살아왔다. 리더십 컨설턴트로서 내가 직간접적으로 연구하고 경험한 리더십에 대한 학문적, 경험적, 실용적인 지식을 기업체 리더들을 대상으로 연수원에서 공유하는 모습이 너무나 열정적이다.

풍광 2   이달의 베스트셀러에 내가 출간한 『생활 속의 리더십』이 선정되었다. 2008년 처음 책을 출간하고 이후 2년에 한 권씩 책을 냈고 이번 책이 다섯 번째 출판된 것이다.

풍광 3   MBA에 도전해 드디어 학위를 받았고 해외 선진 리더십 센터에 연수를 다녀왔다. 2010년 시작해 하나씩 결실을 맺고 있다. 경험적 지식에 이론적 지식과 간접경험이 조화를 이루어 컨설팅의 가치가 높아진 것 같아 만족스럽다.

풍광 4   나에게 작고 아담한 연구실이 생겼다. 비록 내가 살고 있는 전원주택의 서재 한 칸이지만 내가 연구하고 세상과 커뮤니케이션을 할 수 있는 공간이 있다는 것에 행복하다.

풍광 5   나의 홈페이지(www.opseon.com)에 독자와 수강생들이 찾아와 정보를 교환하고 커뮤니케이션을 활발히 하고 있다. 벌써 모임의 회원수가 1,000명을 넘어섰다.

풍광 6   나와 아내는 전원주택에서 여유롭게 앞마당과 텃밭을 가꾸며 자연과 호흡하는 맛을 톡톡히 느끼며 살고 있다. 우리 부부는 아이들이 대학을 졸업하면 지방으로 내려가 전원생활을 하려고 계획했었다. 2003년부터 1억을 모으기 위해 통장을 만들었는데 2010년 7년간 모은 돈으로 경기도 외곽에 땅을 사서 2015년에 지금의 집을 완공했다.

풍광 7   2007년부터 시작한 골프는 이제 세미프로 수준이다. 내가 건강을 유지하는 데 많은 도움을 주고 있으며 지금도 앞마당에서 간간이 연습을 하고 있다. 분기에 한 번씩은 아내와 같이 필드에 나간다.

풍광 8   50대 중반에 40대의 신체 건강나이를 유지하고 있다. 비결은 매일 꾸준한 운동(빨리 걷기 등)과 규칙적인 생활습관이다. 건강한 체력이 활력 있는 사회생활을 하는 데 큰 도움이 되고 있다.

풍광 9   최근에 해외여행을 다녀왔다. 매년 한 번씩은 새로운 문화를 접할 기회를 가져왔다. 살아가는 동안 여력이 된다면 최소한 일 년에 한 번은 이런 기회를 갖고 싶다.

풍광 10   1% 나눔에 참여하고 있다. 내가 세상에서 받은 것의 백분의 일은 돌려주자.

나의 슬로건 만들기

슬로건(slogan)은 곧 자신의 비전을 기술한 것이다. 앞으로 10년 뒤를 표현할 수 있는 나의 언어이다. 구본형 소장 자신은 '변화경영전문가'로서 '우리는 어제보다 아름다워지도록 사람들을 돕습니다'라는 슬로건을 만들었다고 한다.

나는 리더십 컨설턴트로서 '다른 사람에게 삶의 가치를 더해주자', 청소년리더십센터를 설립해 '청소년에게 꿈과 희망을 찾아주자'는 비전을 실현하기 위해 "모든 사람이 꿈과 희망을 갖도록 돕습니다"를 슬로건으로 채택했다.

누구나 명함을 갖고 있다. 대부분의 명함에는 앞에 회사가 있

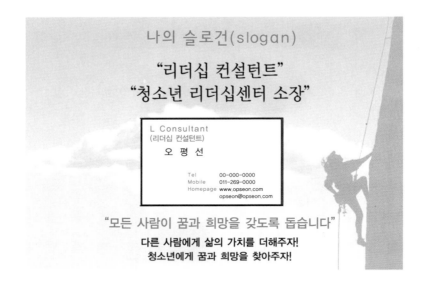

고 뒤에 자기 이름이 있다. 마치 '저는 월급쟁이예요, 저는 ○○회사에 다녀요'라고 말하는 것 같다. 그러나 이제부터는 당신의 비전이 담긴 꿈의 명함을 만들라. 그 명함에 당신의 꿈을 새겨 넣어라.

성공은 매일매일 조금씩 성취해가는 과정이다

나는 위와 같은 내용을 가족과 공유했다. 장례식 스피치를 통해 남아 있는 삶 동안 내게 주어진 것들을 소중히 여기며 가치 있는 삶을 살아가야겠다는 다짐을 하게 됐다. 가족들 앞에서 낭독한 장례식 스피치를 통해 아이들은 아빠가 바라는 자식의 모습이 무엇인지 느꼈을 것이고 아내도 남편의 마음을 이해하는 데 도움이 되었을 것이다.

10대 풍광은 지금의 내 현실과는 상당한 차이가 있지만 도전적으로 그림을 그리고 싶었다. 10년이라는 세월을 어떻게 사용하느냐에 따라 충분히 실현될 수 있는 일이다. 그리고 과거의 비전 설계가 주로 일과 사회생활에 한정된 것이었던 데 비해, 새롭게 설계한 10대 풍광은 일과 삶, 사회생활과 가정생활의 균형과 조화에 보다 무게가 실렸다. 이 풍광을 볼 때마다 내 입가에는 미소가 떠오르고 가슴이 설렌다. 10대 풍광을 꿈이 아닌 현실로 만들어가기 위해 노력하는 나는 지금 행복하다.

"경찰간부가 되면 삶의 목적을 다 이룬 걸까?"

내 인생의 목표와 비전을 설계해본 경험을 아이에게 접목시킬 수 없을까 궁리했다.

"진성아, 너는 경찰이 되겠다는 목표를 정했고 방법적으로 경찰대학에 입학해 경찰간부가 되겠다고 했어. 그렇다면 단순히 경찰이 되는 것으로 삶의 목적을 다 이루었다고 할 수 있을까?"

아이는 역시나 예상치 못한 질문에 당황하는 기색을 보인다.

"글쎄요…. 그런 생각은 안 해 봤는데…."

"하하…. 당연히 그럴 거야. 어른들도 그런 고민 없이 그냥 살아가는 사람들이 많거든. 진성이가 경찰이 된다는 목표로 노력해서 마침내 미래에 경찰간부가 되었다고 하자. 물론 진성이가 목표를 잊지 않고 최선을 다해 도전하고 있으니 당연히 그렇게 될 거라 아빠는 믿는다. 그런데 경찰간부가 되면 무엇을 위해 어떻게 살아가야 할까? 이에 대해 고민해보고 그것을 명확히 정하는 것도 중요해. 다시 말해서 인생의 길잡이를 만드는 것이라고 할 수 있지. 내가 누구이며 진정 무엇이 되고 싶은지, 내가 가야 할 길이 어디인지 알려주는 그것을, 바로 비전이라고 해."

"비전이요? 조금 어렵네요."

"응, 그럴 거야. 자, 아빠의 비전을 너에게 들려줄게. 그러면 이해하는 데 도움이 될 거야."

나는 아이에게 나의 목표와 비전을 힘찬 목소리로 다짐하듯 다시 한 번 전해주었다.

"진성아, 아빠는 리더십컨설턴트가 되는 것을 목표로 정했어. 그 목표를 달성하게 된다면 아빠는 모든 사람이 꿈과 희망을 갖도록 돕는 일을 하고 싶단다. '다른 사람에게 삶의 가치를 더하게 하자'는 것이 아빠의 비전이란다. 비전이란 내가 목표로 하는 것을 실현함으로써 어떤 가치를 만들어낼 것인가를 그림으로 그려보는 것이라고 할 수 있어."

나는 아이에게 똑같은 직업에 몸담고 있으면서도 비전의 존재유무에 따라 다른 삶을 살 수 있다는 얘기를 들려주고 싶었다. 그래서 얼마 전 직접 경험한 택시기사의 이야기를 해주었다.

"진성아, 아빠가 회사에서 야근을 하고 밤늦게 택시를 타고 오는 일이 좀 있잖니. 택시를 타면서 아빠는 두 번의 경험을 하게 되었단다. 하루는 A라는 택시를 탔어. 그 택시기사는 아빠가 차를 타서 목적지를 말하자 지금 종로에 가면 외곽으로 가는 손님이 넘쳐나는데 나 때문에 거꾸로 가고 있다며 퉁명스런 목소리로 이야기를 시작하더구나. 처음엔 대수롭지 않게 넘겨버렸는데 조금 후에 운전을 하며 다른 동료에게 휴대폰으로 전화를 걸더군. 택시 기사는 '어제도 ○○밖에 못 벌었는데 지금도 종로에 가려다가 사람 잘못 태워서 ○○로 가고 있어. 오늘도 돈 벌기는 틀렸네.' 하며 손님을 태우고 있는데도 이런 불만을 터뜨리지 뭐니. 그리고 잠시 후에 다른 사람에게도 전화해 똑같은 내용으로 말했단다. 정말 불쾌해서 도중에 내려버리고 싶을 정도였지. 정당하게 요금을 내고 택시에 탔는데 짐짝 취급을 받는 것이 얼마나 불쾌했겠니."

아이는 마치 자신이 그런 상황에 처한 듯 화가 난 표정이 되어 있었다.

"아빠, 정말 웃기는 사람이네요. 그래서 어떻게 되었어요?"

"응, 통화가 끝나고 아빠가 '아저씨, 손님이 타고 있는데 운전 중에 그렇게 전화를 하며 불만을 늘어놓는 건 도저히 납득이 안 가네요. 제가 지금 무임승차한 사람인가요? 정당하게 돈을 지불하고 택시를 탄 손님을 이렇게 불안하고 기분 나쁘게 해도 됩니까?' 라고 말했어. 그 정도 이야기를 했으면 바로 죄송하다는 말을 할 줄 알았다. 그런데 오히려 '그래서요?' 라고 퉁명스런 대답을 하는 거야. 아빠는 더 이상 그대로 넘어갈 일이 아니라고 생각했어. 그래서 정말 강하게 불만을 표시하고 지금 태도에 대한 응당한 대가를 받도록 하겠다고 흥분해서 말했지. 그러자 갑자기

기사는 내가 교통불편신고를 할 거라는 짐작을 했는지 바로 행동을 180도 바꾸어서 '제가 어제, 오늘 돈을 적게 벌어서 그랬습니다. 정말 죄송합니다'를 몇 차례 반복하더구나. 나는 그 기사에게 '아저씨 마음은 충분히 이해합니다. 많이 답답하시겠지요. 그렇지만 손님을 돈으로만 생각하시는 것은 바꾸셔야 할 것 같네요. 손님을 진정으로 귀하게 생각하고 아저씨가 하시는 일에 보람을 찾고 즐겁게 하시면 손님에게 따뜻한 마음을 전할 수 있을 겁니다. 그러면 자연스럽게 돈도 따라 붙지 않을까요.'라고 마무리를 지었어. 집 근처에 도착했을 때 기사는 다시 여러 차례 죄송하다고 했어. 그렇지만 가뜩이나 야근으로 피곤했는데 택시에서 흥분을 해서인지 더 몸과 마음이 축 처졌단다."

나는 말을 이었다.

"진성아, 직업에는 귀천이 없단다. 하지만 아빠는 그 직업을 대하는 마음자세에 따라 귀천이 생기게 된다고 생각해. 또 다른 택시 기사 얘기를 해줄게. 아빠가 B 택시에 탔을 때 그 기사는 정말 친절하게 나를 맞이해줬단다. 손님을 편안하게 모시려고 최선을 다하는 모습이 눈에 보였어. 정말 보기 좋았단다. 그 분을 보며 나 스스로를 반성하기도 했지. 그분은 자신이 밤늦게 일함으로써 일에 지친 다른 사람을 편하게 쉴 수 있는 집으로 데려다 준다는 데에 보람을 느끼시는 분 같았어."

나는 아이가 경찰 간부가 되겠다는 목표만 생각하고 노력하기를 바라지 않는다. 경찰 간부가 되어 어떠한 삶을 살 것이며 그 직업을 통해 추구하고자 하는 이상이 무엇인지 명확한 그림이 그려진 상태에서 목표를 일궈가기를 바란다.

아이는 택시기사의 이야기를 듣고 비전의 의미를 이해한 듯, 이렇게 말한다.

"아빠, 무슨 말씀인지 알겠어요. 제가 경찰 간부가 되어서 어떻게 하며 생활할 것인지 고민해보라는 말씀이죠? 저번에 아빠와 삶의 원칙과 가치관에 대해 이야기하면서 제가 왜 경찰이 되려고 하는지 질문하셨던 것처럼 봉사하고 헌신하며 살아야 한다는 것이죠?"

"응, 그래. 잘 이해했구나. 경찰 간부가 되어서도 앞의 두 명의 택시기사처럼 어떻게 살아갈지는 자신이 선택하는 거란다. 미리 그것을 고민해보자는 의미지. 경찰이라는 직업도 어려운 점이 많을 텐데, 어떤 생각으로 일을 대하느냐에 따라 엄청난 차이가 생기지 않겠니?"

고심 끝에 탄생한 아이의 비전 슬로건

이야기를 마무리하고 진성이에게 며칠간 고민할 시간을 주었다. 하루가 지나 아이는 비전을 만드는 일은 나중에 해도 늦지 않을 것 같다며 비전을 찾는 일이 어렵다고 고충을 털어 놓았다. 나 역시 처음에 내 자신의 비전을 찾는 일이 어려웠다. 지금 와 생각해보면 비전이라는 것을 너무 거창하게 생각했기 때문인 것 같다.

"그래. 네 말처럼 비전을 찾는 일이 쉬운 것은 아니야. 아빠도 그랬었고. 그렇지만 그냥 쉽게 생각해보렴. '나는 경찰 간부로서 ○○○○하는 삶을 살아갈 것이다'라는 문장 형식에 따라 생각해 봐. 비전은 내가 진정 누구이며 무엇이 되고 싶은지, 내가 가야 할 길이 어디인지 알려주는 이정표 같은 거야. 너와 평생 같이할 친구지. 이른 시기에 비전을 갖는 것은 그만큼 너와 평생을 같이 할 친구가 빨리 생겼다는 뜻이야. 그런 친구라면 하루라도 빨리 맞이하는 게 좋지 않겠니?"

이 과정에서 주의할 것이 있다. 아이가 환상적인 문구를 만들어내기를 지나치게 바라지 말아야 한다. 화려한 문구보다는 쉽고 간결하게 자신의 삶의 의지를 담으면 된다. 부족한 점이 있다면 그것은 아이가 성장해가며 지속적으로 다듬으면 된다. 지금은 아이의 연령 수준에 맞는 생각과 단어를 구사하게 내버려두자.

실제로 아이가 비전을 만들기까지는 꽤 많은 시간이 소요됐다. 어린 나이에 피상적인 생각을 비전으로 세운다는 것은 그리 쉬운 일이 아니다. 결국 아이는 경찰대학을 다녀와서 스스로 비전을 세웠다. 경찰대 정문에 있는 정의, 조국, 명예라는 문구에서 어느 정도 생각이 정리된 모양이다.

아이가 세운 자신의 비전은 "사람들을 위해 봉사하고 헌신하는 경찰이 되는 것"이었다. 나는 이렇게 아이를 응원했다.

"진성아, 지금 세운 비전은 네가 성장해가면서 더 구체화되고 확고해질 거야. 비전을 마음에 새기고 네 삶을 스스로 이끌어가길 바란다. 인생의 비전을 갖게 된 걸 진심으로 축하해!"

나는 진성이가 세운 비전을 워드프로세서로 예쁘게 편집해 책상 위와 거실, 화장실에 붙였다. 또 명함처럼 자그마하게 만들어 아이의 지갑 잘 보이는 곳에 넣어주었다. 이 외에도 가족들 앞에서 자신의 비전을 선포하는 '비전선포식'을 해주는 것도 좋다.

"진성아, 매일 아침 큰 목소리로 '내 비전은 사람들을 위해 봉사하고 헌신하는 경찰이 되는 것이다!'라고 외쳐 보렴. 그러면서 네가 꿈을 이루었을 때의 아름다운 광경을 상상해봐. 그렇게 하루를 시작하면 종일 더 열심히 적극적으로 생활하게 될 거야."

처음에 아이는 이런 행동을 어색하게 느낄 것이다. 하지만 반복할수록 목표로부터 이탈하는 일 없이 자신의 비전을 더 굳게 신념화할 것이다.

나 역시 아침마다 거울을 보며 '나는 리더십컨설턴트가 되어 모든 사람이 꿈과 희망을 갖도록 돕겠다!'고 외친다. 그리고 거울 속의 나에게 '넌 할 수 있어!'라고 서너 번 반복해 자신감을 갖고 출근길에 오른다.

04

Vision을 세상에 알리고 **약속하기**

세상 이야기 들려주기

조건부 계약과 떠벌림 효과의 힘

정초가 되면 대부분 새해를 맞아 한두 가지 정도 결심을 한다. 그리고 그 결심을 마음에만 담아두는 사람이 있는가 하면 주변에 널리 알리는 사람들도 있다. 누가 물어 보지도 않았는데 말이다. 그러나 이는 매우 현명한 행동이다.

어떤 사람이 담배를 끊기 위해 사용한 심리학적 원리가 있다. 그 중 하나는 조건부 계약(유관 계약)이라는 것이다. 가령 자신이 담배를 피우면 친구에게 얼마를 주겠다는 식으로 조건을 거는 방식을 말한다. 다른 하나는 공개표방이다. 자신이 달성하고자 하는 목표를 공개적으로 알림으로써 주위 사람들의 지원을 얻는 방

법이다. 목표로 삼은 행동을 공개적으로 표방하면 자기 말에 더 책임을 느끼게 마련이고, 실없는 사람이 되지 않기 위해서라도 약속을 더 잘 지키게 된다. 이런 현상을 일컬어 '떠벌림 효과(Profess Effect)'라고 한다.

이렇게 자신의 목표를 주변에 알리는 것은 자신의 각오를 스스로 다짐하는 동시에 주변에 약속하는 행동이다. 나 혼자만 알고 있는 약속은 긴장감이 떨어지기 마련이다. 반면 공개적으로 표방하는 것은 다른 한편으로는 자신의 결단에 관심을 가져달라는 의미이기도 하다. 그 밖에 중요한 의미도 있다. 내 경험에 비추어 볼 때 결심을 주변에 적극적으로 알리는 것은 내가 이런 목표를 가지고 있으니 도와달라는 뜻이다.

필자도 주변의 많은 이들에게 도움을 받고 있다. 내 목표를 알리고 나서 여러 사람에게 많은 조언을 구했고 또 도움을 받고 있다. 그들은 가끔씩 내게 필요한 정보나 아이디어를 제공해준다.

관련된 사이트를 소개해주거나 유익한 뉴스레터를 보내주는 이도 있다. 인생이란 홀로 달리는 마라톤이기는 하지만 길거리에서 마음으로 응원해주는 이들이 많으면 고비를 넘길 수 있는 힘이 배가된다.

'병은 많이 알릴수록 좋다'는 말이 있다. 알릴수록 다양한 처방이 입에서 입으로 전해지고 환자가 그 덕을 보게 되는 경우를 종종 경험한다. 지금은 작고하신 아버지께서는 생전에 직장생활을 하시다 고혈압으로 반신불수가 되셨다. 주변에 적극적으로 알려 도움을 받을 수 있었는데, 여기저기서 좋다는 약이 있으면 어머니는 어떻게든 구해오셨고, 그러한 주변의 도움과 어머니의 정성 어린 병수발 덕에 아버지께서는 거의 쾌차하셨다.

'살과의 전쟁을 선포한다'는 말을 들어보았을 것이다. 자신의 의지를 강화시키기 위해 결심을 주변에 적극적으로 알리는 대표적인 예이다. 자신이 목표로 하는 감량수치와 의지를 가족이나 주위 직장 동료들에게까지 적극적으로 알리기도 한다. 이런 방법은 주변의 관심은 물론이요 도움을 받을 수 있어서 좋다. 물론 전문가의 도움도 필요하다.

생각만 해도 가슴 뭉클한 목표와 비전을 어떻게 나만 알고 넘어갈 수 있는가? 알리는 것을 주저한다는 것은 아직 내 의지가 약하다는 반증일 수 있다. 주변의 관심과 도움이 필요하다면 주저없이 당신의 비전을 선포하라. 부모들은 자녀들이 자신의 목표와 비전을 가급적 많은 사람에게 알리도록 도와줄 필요가 있다. 주변 사람들이 아이를 만날 때마다 관심과 격려를 표한다면 아이의 마음속에 목표는 갈수록 깊이 새겨지고 마치 숙명 같은 느낌이 자라나게 될 것이다.

"○○는 경찰간부가 목표라면서? 열심히 해봐. 너에게 정말 잘 어울리는 것 같다."

"○○는 경찰이 되어 다른 사람에게 봉사하겠다는 비전을 가지고 있다면서? 정말 값진 일인 것 같다. 파이팅!"

"○○는 요즘 목표를 위해 열심히 노력하고 있지? 그래, 준비가 잘 되어 간다고 들었다. 너는 정말 잘해낼 거야. 힘내!"

"○○가 요즘은 조금 힘들어 한다고 들었어. 그래, 목표를 이루기까지 힘든 과정과 역경은 누구에게나 있단다. 넌 이 고비를 잘 넘기고 꼭 해낼 거라 믿어."

주변의 이러한 관심과 격려가 부모의 열 마디보다 더 큰 효과가 있을 수 있다.

아이의 목표달성을 도와줄 후견인 찾기

이 단계에서는 직간접적으로 자녀의 목표 달성을 위해 필요한 조언과 도움을 줄 수 있는 후견인, 즉 멘토를 찾는 것이 필요하다.

'멘토'라는 말의 기원은 그리스 신화에서 비롯됐다. 고대 그리스의 이타이카왕국의 왕인 오디세우스가 트로이전쟁에 참전하기 위해 나라를 떠나며 한 친구에게 자신의 아들 텔레마코스를 보살펴달라고 맡겼다. 그 친구의 이름이 바로 멘토였다. 그는 오디세우스가 전쟁에서 돌아오기까지 텔레마코스의 친구이자 선생님, 상담자이자 때로는 아버지가 되어 그를 잘 돌보아주었다. 그 후로 멘토라는 그의 이름은 지혜와 신뢰로써 한 사람의 인생을 이끌어주는 지도자라는 의미로 사용되었다.

멘토는 경험이나 경륜이 많은 사람으로서 상대방의 잠재력을 볼 줄 알아야 한다. 또 그가 자신의 분야에서 꿈과 비전을 이루도록 도움을 주며 때로는 도전해줄 수 있는 사람, 이를테면 교사나 인생의 안내자, 본을 보이는 사람, 후원자, 장려자, 비밀까지 털어놓을 수 있는 사람, 인생의 스승이라고 할 수 있다.

멘토링은 기업에서도 인재육성을 위해 활발히 사용되고 있는데, 한마디로 현장훈련을 통한 인재육성 활동으로 정의할 수 있다. 즉 회사나 업무에 대한 풍부한 경험과 전문지식을 갖고 있는 사람이 1 : 1로 전담하여 구성원(멘티 : Mentee)을 지도하고 코치하고 조언하면서 그가 실력과 잠재력을 계발하고 성장하도록 돕는 활동이다.

최근에 많은 기업들이 도입하고 있는 '후견인제도'가 바로 멘토링의 전형적인 사례이다. 이 제도 역시 신입사원들이 업무에 신속히 적응하도록 유도하고 성장 잠재력을 계발시킨다는 면에서 볼 때, 그 기본 사상은 인재 육성에 있다. 이는 코칭의 형태와 매우 유사하지만 멘토(mentor)와 멘티(mentee)의 관계에 있어서 수직적이고 상호간의 인격적 개입이 더 깊이 일어난다는 점에서 멘토링과 차이가 있다. 나 역시 인사팀장으로 재직할 때 이 제도를 도입하여 운영해본 경험이 있다. 신입사원을 대상으로 운영해본 결과 새로운 환경과 기업문화에 빨리 적응하고, 선후배간의 유대가 강화되고 업무를 조기에 파악할 수 있다는 장점을 확인할 수 있었다.

멘토를 찾는 일은 아이의 인간관계 범위에서는 제한적일 수 있고 어려운 일이므로 부모가 적극적인 도움을 주어야 한다. 부모의 넓은 인간관계를 활용해 도와줄 수 있는 사람들을 소개해주는 것이 좋다. 물론 가장 중요한 후견인은 가족이다. 모든 가족이 아이의 목표와 비전이 실현될 수 있도록 적극적인 관심과 사랑으로 동행해야 한다. 아이가 목표로 하는 직업에 종사하는 사람을 멘토로 선정하면 더 효과적이고 사실적인 조언을 받을 수 있을 것이다.

내 아이의 이야기

마지막 7단계는 비전을 주변에 널리 알려 다짐하고 나를 도와줄 후견인을 찾는 과정이다.

아이의 가장 든든한 멘토는 부모다

진성이는 처음에 자신의 목표와 비전을 알리는 일에 상당히 소극적이었다. 처음 목표와 비전을 만들어서 스스로 다지기는 했지만 다른 사람에게 알리기에는 자신이 없었나 보다. 아이의 성격도 한몫 차지한 것 같다. 처음 한두 달은 망설이며 알리기를 꺼려 했다. 그래서 내 이야기를 해주었다.

"아빠는 목표와 비전을 가급적 많은 분들에게 알려서 정말 큰 도움을 받고 있단다. 물론 아빠도 처음에는 나만 알고 있으면 되지, 뭐하러 다른 사람에게 알리나 싶었어. 하지만 용기를 내서 아빠가 생각하는 분야의 전문가에게 이메일로 조언을 부탁하기 시작했단다. 이제는 여러분들이 아빠의 후견인 역할을 해주시며 많은 도움을 주고 있단다."

그러면서 아이에게 내 이메일을 보여주었다. 계속 내게 좋은 자료를 보내주시는 분들과 어떤 일을 진행하다 막힐 때 조언을 요청하고 받은 답변들, 관련 정보를 서로 교환하는 사람들과 주고받은 메일을 보여주었다.

시간이 흐르면서 아이는 주변 가족들에게 자신이 이런 목표를 가지게 되었다고 알리기 시작했다. 가장 먼저 할머니와 주변 친척들에게 말하더니 가까운 친구들에게도 조심스럽게 자신의 목표를 이야기하기 시작했다.

어른들은 멘토를 스스로 찾을 수 있지만 아직 인간관계 층이 두텁지 못한 아이들이 직접 나서서 멘토를 찾는다는 것은 상당히 어려운 일이다. 따라서 부모들이 아이의 후견인 역할을 할 사람을 찾는 것을 도와줄 필요가 있다. 물론 아이의 가장 든든한 멘토는 역시 부모다. 나와 아내는 진성이의 목표달성에 도움이 되는 정보나 자료를 제공해주기도 하고 아이와 가끔 토론하는 시간을 갖고 있다.

그리고 지인 중 과거에 경찰이셨던 분이 계셔서 그 분과의 만남도 주선해보았다. 거리상의 문제로 직접 뵙고 조언을 듣는 기회는 많지 않았지만 종종 이메일이나 전화로 아이에게 조언과 격려를 해주신다.

4장

바늘로 구슬 꿰기

아이가 매일 아침 오늘의 목표를 세우고 그것을 실천하게 하자.
그리고 하루를 마무리하며 항상 뒤돌아보게 하자. 하루에 대한
스스로의 점검을 통해 자신에게 칭찬도 하고 잘못한 일이 있으
면 반성도 해서 보다 나은 내일을 맞이하도록 도와야 한다.

01

한 걸음 내딛어야
뒷발이 따라간다

세상 이야기 들려주기

어떻게 꾸준한 실천을 이끌어낼 것인가

이제 가장 어려운 여정이 남아 있다. 바로 계획한 바를 실천하
는 것이다. 이 과정에 가장 어려운 고비가 숨어 있다. 자신의 목
표와 비전을 이루고 못 이루고는 이 과정에서 기인한다. 누가 얼
마만큼 끈기 있게 좌절하지 않고 실천하느냐에 따라 성패가 좌우
된다.

"오늘 할 수 있는 일에 전력을 다하라. 그러면 내일에는 한 걸
음 더 진보한다"는 뉴턴의 말을 상기하자. 문제는 어떻게 하면 아
이들이 계획한 것을 꾸준히 실천하도록 할 것인가와 어떻게 하면
의욕을 최상으로 유지시켜줄 것인가이다.

먼저, 어떻게 하면 아이들이 계획한 바를 꾸준히 실천할 수 있을까? 누구나 자신이 흥미를 가지고 열심히 하는 것에 자신감이 생기고 집중력이 높아진다. 예를 들어 게임에 흥미를 가지고 있는 아이는 누가 시키지 않아도 정말 열심히 하는 수준을 넘어 아예 그 속에 빠져든다. 그 집중력이란 실로 대단해서 아무리 옆에서 큰 일이 벌어져도 아이가 느끼지 못할 정도이다. 다시 말해 공부에 흥미를 갖도록 해준다면 아이들은 자연히 집중하게 되고 그로 인해 학습효과도 높아질 것이다. 더불어 스스로 공부하는 자발학습 능력이 키워질 것이다.

어떻게 학습에 흥미를 갖게 할 것인가는 재능교육의 '스스로학습법'을 참조해보자.

첫째, 쉬운 것부터 학습한다.

아이들에게는 최초의 체험이 중요하다. 무언가를 좋아하느냐 싫어하느냐는 그 아이가 최초에 경험한 첫 인상에 의해 좌우된다. 처음의 경험이 쉽고 재미있었다면 흥미를 가지게 되고, 반대로 어렵고 힘들었다면 싫어하게 되는 것이다. 따라서 아이들이 '처음부터 쉬운 것을 잘할 수 있도록' 해주어야 된다. 즉 자신 있는 과목의 쉬운 것부터 시작해라. 아이가 아주 쉽게 할 수 있는 것부터 시작하여 과학적인 평가를 하라. 그렇게 '매번 100점을 맞았다'는 체험을 연속함으로써 아이는 성취감과 자신감을 느끼며 기쁜 마음으로 한 단계씩 적극적으로 학습해 나가게 된다.

둘째, 무리하지 않게 학습한다.

학습동기는 학습량이 과포화 상태일 때는 지속되지 못한다. 그
럼에도 학부모 중에는 아이가 학습에 흥미와 의욕을 느꼈다고 판
단해서 학습량을 무리하게 진행하는 경우가 있는데 이것은 장기
적으로 바람직한 방법이 아니다. 아이가 더 하고 싶다고 느낄 때
오히려 멈추어 다음 학습에 대한 강한 욕구를 지속시켜 주는 것이
바람직하다. 여기서도 이른바 '빈곤의 원리'가 적용되는 것이다.

어려운 학습과제가 제공되거나 무리한 학습량을 요구하다가는
아이가 학습 자체를 포기할 수 있다. 항상 무리하지 않도록 살펴
주는 것이 올바른 학습습관을 형성시키는 방법이다.

셋째, 집중력의 범위 내에서 한다.

흔히 학부모들은 아이가 책상 앞에 앉아 있는 시간을 학습에 투
자하는 시간으로 생각한다. 그러나 학습효과에 근본적인 영향을
미치는 것은 집중한 시간이다. 집중력이 떨어진 상태의 학습은
학습 성취도를 저하시키고 나아가 학습 자체에 대한 흥미를 잃게
할 우려가 있다. 따라서 무조건 오래 학습할 것을 강요하지 말고
집중력 향상을 위해 학습할 수 있는 차분하고 안정된 분위기를
조성해 주는 것이 우선이다.

TV를 보면서 공부를 하거나 옆에서 자꾸 동생이 장난을 치거나
하면 학습자의 정신이 산만해지고 투자한 시간만큼 학습효과도
나타나지 않는다. 결과적으로 학습자는 학습에 흥미를 잃어버리
게 된다. 반면 집중력의 범위 내에서 매일 지속적으로 학습을 하
게 되면 집중력도 점점 발달하게 된다.

넷째, 매일 규칙적으로 한다.

공부한 내용을 한번 배웠다가 금방 잊어버리는 학습이 아니라 지속적으로 기억할 수 있는 학습을 목표로 한다면 규칙적으로 꾸준히 학습해야 한다. 아이들은 아직 자기 감정을 충분히 지배하지 못한다. 어떤 때는 의욕이 왕성해 많은 양을 학습하고, 어떤 때는 전혀 학습을 하지 않아 효율적인 학습이 안 되고 오래 지속하기도 어렵다.

그러나 아이의 능력에 맞는 학습내용을 매일 일정한 시간대에 지속적으로 공부하면 그 사이에 학식이 축적되어 나날이 비약적으로 성장하게 되고, 더불어 올바른 자발학습 습관이 형성된다.

다섯째, 충분히 반복학습을 한다.

매일 규칙적으로 학습하는 것과 더불어 능력 향상에 가장 중요한 것은 완전한 이해와 숙달이다. 명심해야 할 것은 학습할 때 '단순히 안다'는 것과 '완전히 숙달되었다'는 것은 다른 차원의 문제라는 점이다. 이것은 아이가 말을 배우는 과정과도 같은데 어려운 말을 어린 아이들이 자유자재로 구사하기까지는 매일매일 반복학습이 이루어져야 한다.

고도의 능력은 1회의 학습으로 형성되는 것이 아니라 충분한 반복학습을 통해 형성되는 것이다. 학습을 할 때에도 어떤 부분을 복습한다고 해서 귀찮게 여기거나 진도만 나가려고 하지 말고 완전히 소화된 후에 다음으로 넘어가야 한다.

이처럼 하루하루 성실한 학습을 통해 아주 소소하게 보이는 성공체험을 착실히 거듭하면 바람직한 학습습관이 형성될 수 있다. 아이가 가야할 길은 아주 먼 곳에 있다. 그 목표만 생각하고 가다 보면 방향을 잃어버릴 수도 있고 너무 멀고 어렵게 느껴져 포기할 위험도 있다. 따라서 실천계획서의 항목에 근거해 하루를 최소 단위 목표로 삼아 오늘 하루에 도전하는 것도 좋은 방법이다.

'나는 오늘 ○○○를 반드시 실천하겠다.'

아이가 매일 아침 오늘의 목표를 세우고 그것을 실천하게 하자. 그리고 하루를 마무리하며 항상 뒤돌아보게 하자. 하루에 대한 스스로의 점검을 통해 자신에게 칭찬도 하고 잘못한 일이 있으면 반성도 해서 보다 나은 내일을 맞이하도록 도와야 한다. 실천계획서에 의거한 일일점검을 통해 이런 유익을 얻을 수 있다.

성공체험은 또 다른 성공신념을 낳는다. 단테는 "살찐 성과를 얻으려면 한 걸음 한 걸음 힘차고 충실하지 않으면 안 된다"고 했다. '천리 길도 한 걸음부터'라는 옛말이 주는 의미도 생각해보자. 앞으로 우리 아이들이 걸어야 할 길에 험난한 역경이 기다리고 있을지 모른다. 그럴 때마다 부모가 후견인으로서 아이들이 다시 자신감을 얻어 한 걸음씩 전진하도록 도와야 한다.

아이의 의지를 지속적으로 강화하려면

이제 아이의 의지를 지속적으로 유지시키는 일이 남았다. 방법을 알아도 의지가 약해진다면 무슨 의미가 있겠는가? 아이들이 힘겨워할 때 부모 입장에서 어떻게 도와야 하는지 나 역시 어렵기는 마찬가지다. 단지 나는 아이에게 열정적으로 살아가는 부모의 모습을 보여줄 뿐이다. 그리고 아이의 의지를 방해하는 요소를 제거하도록 애쓴다. 집에서는 TV에서 들려오는 온갖 소음이 줄어들기 시작했고 지금은 가족 모두 TV와 사이가 멀어졌다. 또 가끔은 아이에게 용기와 열정을 주제로 좋은 이야기를 들려주기도 한다. 예전 우리네 할머니들이 손자 손녀에게 들려주시던 옛날이야기를 대신해서 말이다. 혼자서 역부족이다 싶으면 도움을 청하기도 한다. 훌륭한 분들의 열정이 느껴지는 책을 선물하거나 비디오테이프나 CD를 찾아 같이 시청하기도 한다.

나 스스로도 많은 책을 읽고 강연을 들으며 나약해지는 나를 반성한다. 다시 용기를 얻어 목표에 도전하는 과정에서 내게 큰 도움이 된 소중한 조언들을 기억하고 있다가 아이에게 전해주기도 한다. 부모와 아이가 함께 읽을 만한 책을 찾아보자.

유영만은 저서 『용기』에서 이렇게 말한다.

용기는 가슴에서 우러나는 것입니다. 그리고 용기의 실체는 바로 행동입니다. 그러나 우리의 몸이 행동으로 용기를 실천하려고 할 때마다 그것을 가로 막는 '적' 과 만나게 됩니다. 바로 망설임(혹은 미룸), 의심함, 소심함(또는 나약함), 공포, 중도포기라는 다섯 개의 적입니다. 나는 삶의 곳곳에서 이 용기의 다섯 적과 투쟁을 벌여 왔습니다.

이제 우리 아이들도 자신과의 싸움을 시작해야 한다. 우리가 일반적으로 알고 있는 큰 전쟁을 상기해보자. 자신과의 싸움 역시 그런 전쟁과 같다.

『밀레니엄맨- 미래를 꿈꾸는 또 다른 칭기즈칸을 위하여』의 저자 김종래는 자신이 칭기즈칸이라면 한국의 젊은이에게 어떤 메시지를 던지고 싶을까를 생각하다 다음과 같은 편지를 쓰게 됐다고 한다.

한국의 젊은이들아!
집안이 나쁘다고 탓하지 말라.
나는 어려서 아버지를 잃고 고향에서 쫓겨났다.

가난하다고 말하지 말라.
나는 들쥐를 잡아먹으며 연명했고,
내가 살던 땅에서는 시든 나무마다 비린내만 났다.

작은 나라에서 태어났다고 탓하지 말라.
내가 세계를 정복하는 데 동원한 몽골 병사는
적들의 100분의 1, 200분의 1에 불과했다.

나는 배운 게 없어 내 이름도 쓸 줄 몰랐지만,
남의 말에 항상 귀를 기울였다.

그런 내 귀는 나를 현명하게 가르쳤다.

적은 밖에 있는 것이 아니라 자신 안에 있다.
나 자신을 극복하자 나는 칭기즈칸이 됐다.

어느 광고카피와도 같이 '칭기즈칸, 그에게서 열정을 뺀다면 이름 없는 양치기에 그쳤을 것'이다. 필자가 개인적으로 가장 사랑하는 문구가 있다. 내가 삶을 살아가는 기본 바탕이고 원천이라고 생각하는 그것은 바로 'Success from Passion'이다. '성공은 열정에서 비롯된다'는 의미이다. 꾸준히 목표를 달성하기 위해 실천해가며 나 자신이 나태해질 때마다 나를 바로 잡아주는 스승과 같은 문구다.

실천하는 과정에서 수많은 어려움과 나태함이 나를 시험에 들게 할 것이다. 어느 때는 스스로 자신의 능력을 탓하며 좌절도 할 것이다. 마음속으로 '난 할 수 없다'고 외치고 싶을 때도 있을 것이다. 그러나 좌절의 순간이 오면 아이와 함께 아래 제시한 퍼포먼스(performance)를 해볼 것을 권한다.

'난 할 수 없어'의 장례식

여교사 도나 선생님이 맡은 초등학교 4학년 교실은 다른 교실들과 다를 바가 없었다. 나는 도나 선생님의 교실로 들어가 교실 뒤편의 빈의자에 앉아 말없이 수업을 지켜보았다. 학생들 모두 무슨 일인가 열심히 하고 있었다. 자세히 보니 노트를 한 장 찢어서 그 위에다 뭔가 자신의 생각들을 적어 내려가고 있는 중이었다. 옆에 앉아 있는 열한 살짜리 여학생의 책상을 넘겨다보니 '난 할 수 없어'라는 제목의 글로 종이를 메워가고 있었다.

"난 축구공을 멀리까지 찰 수 없어."

"난 세 자리 숫자 이상은 나눗셈을 할 수 없어."

그 여학생은 그런 식으로 벌써 절반을 써내려 갔으며, 그만둘 기미가 보이지 않았다. 난 다른 학생들의 종이를 곁눈질하기 시작했다. 모두가 자신이 할 수 없는 일들을 한 줄씩 적어 내려가고 있었다.

"난 팔굽혀 펴기를 할 수 없어."

"난 홈런을 날릴 수 없어."

이윽고 도나 선생님은 학생들에게 종이를 반으로 접어 앞에 제출하라고 지시했다. 학생들은 한 명씩 앞으로 걸어나가 자신들이 쓴 '난 할 수 없어' 목록을 교탁 위에 놓인 빈 신발 상자 안에 집어넣었다. 학생들이 모두 용지를 제출하자 도나 선생님은 상자 뚜껑을 닫은 다음 그것을 팔에 끼고서 교실 밖으로 걸어나갔다.

학생들과 나도 선생님을 따라 운동장으로 나갔다. 도나 선생님은 삽으로 땅을 파기 시작했다. 학생들의 '난 할 수 없어'를 땅에 파묻으려는 것이었다. 땅을 다 파는 데는 30분이 넘게 걸렸다. 땅을 충분히 판 후 도나 선생님이 학생들에게 말했다.

"여러분, 다 같이 손을 잡고 고개를 숙입시다."

학생들은 따라했다. 선생님이 장례식 때처럼 조문을 읽어 내려갔다.

"우리는 오늘 '난 할 수 없어'를 추모하기 위해 이 자리에 모였습니다. 그가 지상에서 우리와 함께 있을 때 그는 모든 사람들의 삶에 영향을 미쳤습니다. 불행하게도 그의 이름은 모든 공공장소에서 자주 입에 올랐습니다. 우리는 이제 '난 할 수 없어'에게 마지막 인사를 할 것이며 비석까지 세울 것입니다. 그는 떠나갔지만 그의 형제자매인 '난 할 수 있어'와 '난 해낼 거야'는 우리 곁에 살아 있습니다. 이들은 아직 잘 알려져 있지 않고 죽은 그 친구만큼 강하지 못합니다. 하지만 여러분의 도움을 받는다면 이들도 언젠가는 세상에 큰 발자취를 남기게 될 것입니다. '난 할 수 없어'여, 편안히 잠드소서. 그리고 이 자리에 모인 모든 사람들이 그가 없는 멋진 인생을 살아가게 되기를 바라는 바입니다. 아멘!"

– 출처 : 『영혼을 위한 닭고기 수프 2』 푸른숲 刊 –

우리 아이들이 좋아하는 스타가 그냥 운이 좋아 탄생한 것으로 착각하고 있다. 그들이 보이지 않는 피나는 노력을 해왔다는 사실을 아이들에게 전할 필요가 있다.

축구스타 박지성 선수는 평발이라고 한다. 평발은 오래 걸을 수도, 뛸 수도 없다. 그러나 그는 그라운드에서 지치지 않는 체력으로 종횡무진 쉬지 않고 달린다. 박 선수의 발은 딱딱하게 뭉친 굳은살로 덮여 있고 발등 위로 수많은 상처들이 새겨져 있다. 박지성 선수의 몸값이 55억이라는 이야기에 많은 사람들은 이렇게 말한다. 참 운 좋은 친구라고, 월드컵으로 인해 부와 명성을 한꺼번에 거머쥐었다고. 그러나 박 선수의 발을 보면 그가 단순히 운 좋은 친구로만은 보이지 않을 것이다.

한 분야에서 성공하려면 보통 사람들이 상상하기도 힘든 어려운 고난을 이겨내야 하고 지독한 인내가 필요하다. 특히 자신과의 싸움에서 지지 않는 강한 의지가 필수적이다. 이점을 자녀들에게 알려줘야 할 때다.

내 아이의 이야기

7단계까지 완성이 되었다면 꿈을 실현하기 위해서 이제 실천, 또 실천하는 방법밖에 없다.

도전 한 달째의 풍경
최초의 변화와 금단현상

아이가 변화의 대장정을 시작했다. 물론 실천계획서에 있는 내용을 처음부터 다 지키지는 못했다. 아직도 자신과의 싸움에서 완전히 이겨내지는 못한 것이다. 하지만 조급하게 생각하지 않기로 했다. 한 가지라도 실천하기 시작하면 언젠가는 또 다른 한 가지로 확대되리라는 희망을 가져본다. 이때 너무 한꺼번에 욕심을 내면 아이가 포기할 수도 있다. "그저 첫 발걸음을 떼면 됩니다. 계단 전체를 올려다볼 필요도 없습니다. 그저 첫 발걸음만 떼면 됩니다"라고 말한 마틴 루터 킹의 조언을 가슴속에 새기자.

진성이의 첫 변화는 책을 읽기 시작했다는 것이다. 물론 학교공부도 조금씩 하기 시작했다. 예전에는 퇴근하고 와서 보면 거의 TV 앞에서 빈둥거리고 있거나 컴퓨터 게임을 하고 있었는데, 요즘은 TV 소리는 들리지 않고 가끔 혼자 공부하고 있다가 나를 맞이하는 일도 생겼다. 만화만 보던 아이가 요즘은 독서삼매경에 빠진 것 같다.

일주일에 『총각네 야채가게』와 『용기』라는 책 두 권을 읽었다. 대단한 변화다. 우리나라 국민의 한 달 평균독서량이 2권이라고 하니 평균을 상회하는 수준이다. 책을 몇 권 읽었다는 숫자가 중요한 것은 아니지만 아이가 책읽기에 흥미를 느꼈다는 것 자체가 중요하다. 또 책의 메시지들이 앞으로의 변화에 큰 도움이 되리라 기대한다. 아빠가 들려주는 이야기도 좋지만 제3자를 통해 전달되는 메시지의 효과는 실로 대단하기 때문이다.

그럼에도 아이는 아직도 주변 환경에 따라 자신의 마음속에 있는 적과의 싸움에서 번번이 지고만다. 방학 중이라 더하겠지만 아침 7시 반에 눈을 뜨기는 하는데, 다시 이곳저곳을 찾아 헤매며 9시 정도는 되어야 겨우 일어난다. 그러니 아침에 일어나 책을 읽겠다는 약속은 당연히 지킬 수 없다. 일어나자마자 아이는 학원으로 달려간다. 여전히 예전의 습관을 이어오고 있다. 그리고 줄넘기를 아직 손에도 잡아보지 않았다. 친구들이랑 가끔 만나 축구를 하는 정도다. 공부는 방학 중이라 학원에서 집중적인 강의를 듣고 있는데, 스스로 공부하기 위해 계획한 시간표는 30% 정도 지키는 것 같다.

어른들이 담배나 술을 끊으려고 할 때만 '금단현상'이 나타나는 것은 아니다. 아이들도 습관적으로 해왔던 TV 시청이나 게임, 핸드폰 놀이를 줄이거나 중단하려면 금단현상이 생긴다. 진성이도 한동안 이 방 저 방 어슬렁거리며 돌아다니고 안절부절못하기를 거의 한 달 이상 지속했다. 때로는 화장실에 들어가 몰래 핸드폰으로 게임을 하기도 했다. 다행히 아이는 자포자기했는지 아니면 자신의 의지로 이겨냈는지 알 수는 없지만 놀거리를 책으로 바꾸게 된 것이다.

이처럼 그동안 아이들이 흥미를 가지고 오랫동안 즐겨온 놀거리를 줄이는 것은 쉽지 않다. 어른들도 대부분 그런 경험을 해보지 않았는가. 따라서 아이의 심리상태를 충분히 이해하고 곁에서 응원해주며 다른 놀거리를 제공함으로써 생각을 다른 곳으로 돌려주어야 한다. 잔잔한 음악을 틀어 놓거나 가족끼리 같이 할 놀거리를 찾아보는 것도 좋다. 아이와 함께 산책이나 운동을 해서 다른 곳으로 생각을 분산시켜주면 고비를 넘기는 데 적잖은 도움이 된다. 한두 고비만 넘기면 충분히 극복할 수 있을 것이다.

"우리의 몸이 행동으로 용기를 실천하려고 할 때마다 그것을 가로막는 적과 만나게 된다"는 유영만의 말이 떠오른다. 정말 의미 있는 말이다. 당장 내 아이가 적과 싸우고 있으니 말이다.

예전 같으면 벌써 여러 차례 잔소리와 훈계, 꾸지람이 이어졌을 것이다. 나 역시 전에는 아이가 약속을 안 지킨 것만 가지고 아이를 판단했고 그것을 중심으로 잔소리를 했다. 그러나 이제 내 생각을 바꿨다. 우리 아이가 적과 한참 싸우고 있는데 어찌 지원은 못해줄망정 사기를 꺾을 수 있겠는가? 아이가 실천계획서를 가지고 와서 대화를 청할 때 꼭 이런 마음으로 맞이하겠다고 결심했다.

아! 날이 새면 집 지어야지

진성이가 스스로 실천계획에 따라 생활한 지 2주일이 지난 때였다. 아이는 자기 스스로 점검한 실천계획서를 들고 나와 대화를 시작했다. 실천계획서를 놓고 자신이 잘 지킨 일과 그렇지 못한 일에 대해 말했다.

우선 잘 지킨 일은 토요일에만 TV를 시청하고 게임을 한 점, 공부할 때 휴대폰을 밖에 내놓고 한 점, 학원에 가서 집중한 점 등등이었다. 반면 잘 지키지 못한 일은 매일 줄넘기를 하지 않은 점, 식사관리를 잘 하지 않은 점, 시간표를 다 지키지는 못한 점이라고 스스로 평가했다.

"진성아, 아빠나 엄마가 보기에도 최근에 네가 참 많이 변하고 있다고 느껴진다. 스스로 노력하려는 모습이 보여 정말 기쁘고 대견하게 생각되는구나. 잘 지키지 못한 계획도 있지만 너무 좌절하지는 말아라. 오래된 습관을 한순간에 다 바꾸는 건 너뿐만 아니라 아빠에게도 어려운 일이란다."

"아직도 제가 습관을 바꾸지 못하고 있는 것 같아요. 무슨 일이 생기면 가끔 그것을 못 지키게 되거든요."

아이는 자신의 습관이 문제임을 스스로 털어놓았다. 처음과 다르게 공감대가 많이 형성되고 있다는 느낌을 받았다.

"맞아. 바로 그게 어려운 것이지. 진성이가 태어나서부터 사용한 손이 오른손이지?"

"예, 맞아요."

"그럼, 오른손으로 대부분의 일을 다 하겠지? 만약 아빠가 지금 네게 글을 쓰라고 하면 너는 오른손으로 써야 하나 왼손으로 써야 하나 생각하지 않아도 무의식 중에 오른손으로 글을 쓰겠지?"

"당연하죠, 아빠!"

"진성아, 바로 그거야. 습관은 이처럼 지금까지의 지속된 반복에 의해 형성돼서 너의 몸에 배어 있는 거란다. 그러니 지극히 자

연스러운 거야. 그런데 그 습관을 바꾸기 위해 갑자기 왼손으로 글을 쓴다고 생각해보렴. 얼마나 어색하고 어렵겠니? 또 글을 쓰라고 하면 '아, 왼손으로 써야지!' 라고 한번 생각을 해봐야 왼손으로 쓰게 될 거야. 아마 생각을 하지 않는다면 자기도 모르게 오른손으로 글을 쓰고 있을 거다.”

아이와의 대화가 무르익어간다. 아버지와 아들이 이렇게 오랜 시간 서로 집중해서 대화하고 있다는 사실은 정말 큰 변화다. 우리 세대가 거의 그랬겠지만 나 역시 자라면서 아버지는 항상 엄하고 무서운 분으로만 여겨왔다. 물론 우리 아버지도 나이 드셔서는 자식들이 자주 전화하고 찾아뵐 때 이런저런 이야기를 많이 해주기를 바라셨던 것 같다.

“진성아, 실천계획서에 있는 것을 너의 것으로 만들기 위해서 별다른 방법이 있는 건 아니란다. 매일 꾸준히 실천해서 그 행동이 아주 자연스러운 습관이 될 때까지 노력하는 수밖에 없어. 그 다음부터는 어렵지 않아. 너의 몸에 배어 있으니 마치 지금 오른손을 무의식적으로 쓰는 것과 같게 될 거야."

아이는 고개를 끄덕였다.

"진성이도 읽었지? 『용기』라는 책에 이런 말이 있었던 거 기억하니?"

마무리를 하며 나는 책에서 인용한 말로 조언을 대신했다.

"세상에가 가장 이기기 힘든 상대는 바로 나 자신이야. 작고 사소한 승리는 남과의 경쟁에서 이긴 사람들의 것이지만 크고 위대한 승리는 언제나 자신과의 경쟁에서 이긴 사람이 차지해. 진정으로 성공한 사람들은 자신과의 싸움에서 승리한 사람이지."

나는 이 프로그램을 진행하면서 내 하루 생활을 작은 수첩에 정리하는 습관을 들였다. 실천계획서에 있는 내용을 하루하루 그 작은 수첩에 정리했다. 그리고 좋은 발상이 떠오를 때 바로 메모하기 위해서 항상 가지고 다닌다. 나는 그 수첩을 아이에게 보여주었다.

"진성아, 아빠도 실천계획을 지키기 위해 이렇게 노력하고 있단다. 이렇게 매일 나와의 싸움에서 이기지 못한다면 어떻게 아빠가 목표로 하는 일을 할 수 있겠니? 이처럼 실천은 너만 어려운 게 아니고 아빠에게도 너무나 어렵단다."

아이는 조금 놀란 표정으로 "아빠도 이렇게까지 하고 계셨어요?" 하고 반문한다.

"다음 주에 만날 때는 지금보다 더 나은 모습 기대할게. 지난 한 주보다 하나라도 더 많은 실천을 하길 바란다. 계획된 일을 내일로 미루지 말고 대화가 끝나면 밖에 나가서 줄넘기를 다섯 번이라도 좋으니 하고 오지 않겠니? 내일로 미룬다면 또다시 내일만 생각하게 되니까 말이다."

나는 이어서 히말라야 지방 전설 속에 등장하는, 이름이 아주 이상한 새 이야기를 들려주었다.

"히말라야 지방에는 '아! 날이 새면 집 지어야지'라는 다소 긴 이름을 가진 새가 살고 있었다는구나. 너도 알겠지만 히말라야의 날씨는 아주 변덕스러워 낮에는 따뜻하고 밤이 되면 몹시 추워지지. 그런데 이 새는 따뜻한 낮엔 종일 놀다가 밤이 되어 날이 추워지면 "아! 날이 새면 집 지어야지"하며 흐느끼면서 밤새 울어댄다는구나. 그런데 문제는 그 다음 날이야. 아침이 되고 날이 따뜻해지면 새는 밤새 추위에 떨던 것을 까맣게 잊고 또 노래만 부르지. 그리곤 밤이 되면 다시 "아! 날이 새면 집 지어야지"하고 울어. 정말 집 짓는 일이야말로 날 샜다. 참 한심하지 않니? 진성아, 이 이야기를 너에게 잘 적용시켜 보렴. 잘못한 일을 후회하고도 또 되풀이해서 잘못했던 적은 없었는지. 아! 날이 새면 집 지어야지란 새처럼 말이다. 오늘 할 일을 내일로 미루지 않도록 노력해보자."

진성이는 씩 웃으며 "예, 지금 바로 할게요"하더니 줄넘기를 찾아 밖으로 나갔다.

"너는 충분히 해낼 수 있어. 힘내자!"

아내의 문제제기

"아이가 아직도 공부를 한다기보다는 공부하는 척 하는 기색이 역력해. 그런데 당신은 왜 칭찬만 하고 있어? 분명히 잘못하는 것은 질책하는 게 옳은 것 아닌가?"

실천 과정이 진행된지 한 달 정도 지났을 무렵, 아내가 이의를 제기했다. 그동안 아내에게는 아이가 무엇이라도 좋으니 노력하는 기색을 보이거든 칭찬해주라고 말해왔다.

"응, 당신 말도 옳아. 하지만 공부를 더 많이 하고 적게 하고는 아직 중요하지 않은 것 같아. 지금은 진성이가 실천계획서에 있는 항목 중에 어느 한 가지라도 제대로 지켜서 습관처럼 익숙해지기를 바랄 뿐이야. 그렇게 된다면 공부 역시 습관처럼 할 가능성이 높다고 생각해. 한 가지 예로, 요즘 아이가 가장 크게 변한 것이 책을 꾸준히 읽는다는 것이잖아? 예전 같으면 그런 모습은 상상도 못했을 일인데 정말 큰 변화 아냐? 그러니 좀 기다려 주자. 공부시간도 차츰차츰 자연스럽게 늘려갈 수 있을 거야."

물론 아내가 우려하고 조급해하는 이유가 무엇인지 나 역시 충분히 공감한다. 중학교 2학년인 진성이가 예전보다 배 이상은 공부에 집중해야 그동안 떨어진 실력을 보충할 수 있다고 걱정하는 것이다.

나는 인생의 중요한 시기인 고등학교 1, 2학년 때 공부에서 관심이 멀어지고 하이킹에 빠져 2년을 보낸 경험이 있다. 주말이면 6명의 친구들과 당일이나 1박 2일 코스로 하이킹을 떠났고 거의 그 맛에 살았다고 해도 과언이 아니다. 내 머리는 온통 하이킹 생각으로 꽉 차 있었고 자연스럽게 공부는 점점 더 멀어졌다. 당시 우리 학급 학생 수가 60명이었는데 그중에서 나는 공부와 친한 순위로 40번째를 기록했다.

하이킹에는 엄청난 육체적, 정신적 고통이 따른다. 그런데도 왜 그런 고통을 감수하고 하이킹에 미쳐 살았을까? 고통 뒤에 오는 맛 때문이었다. 100km가 넘는 거리를 자전거로 완주했다는 성취감 같은 것 말이다. 그러다 고등학교 2학년 2학기가 끝나갈 무렵 스스로 공부를 해야겠다는 생각이 들었다. 그동안 공부 좀 하라던 부모님의 잔소리를 귓등으로만 들어 넘겼었는데 스스로 하고 싶다는 생각이 들다니! 오히려 참 신기했다. 어쨌든 나는 그때부터 하이킹에 빠졌던 것 이상으로 공부에 빠져들었다. 물론 기초적 지식과 연계성이 높은 과목은 뒤늦게 시작했기에 쉽지 않았다. 그러나 암기과목만큼은 단기적인 노력으로도 얼마든지 앞서갈 수 있었다. 이때부터는 부모님이 걱정하며 좀 쉬면서 하라고 할 정도로 공부에 몰입하게 되었다. 그 결과 3학년 1학기와 2학기에는 반에서 10번째로 공부와 친해졌다. 물론 뒤늦게 시작한 한계를 단시간에 돌파할 수는 없었다. 그래서 지방대학교에 입학하게 되었고 그 점이 지금도 사회생활을 하며 아쉬움으로 남는다.

대학시절 역시 공부에 빠져 살았던 것 같다. 사회생활을 하면서도 주로 경제·경영과 자기개발 분야의 책을 월 평균 5권 이상 읽고 교안을 만들었다. 또 외부 강의도 적극적으로 찾아 수강하며 공부하는 맛에 푹 빠졌다. 그러다 보니 학습능력이 나도 모르게 신장된 것 같았다. 회사생활을 하며 나에게 주어진 직무를 수행하는 데에 이 학습능력이 우군 노릇을 톡톡히 했다. 좀 더 어린 나이부터 이랬다면 아마 1등은 떼어 놓은 당상이었을 것이라고 우스갯소리로 위로해본다.

무엇이든 깊이 몰입해본 경험이 있는 사람은 내 이야기에 공감할 것이다. 물론 긍정적인 일에 빠져야겠지만 말이다. 진성이에게도 이런 경험이 필요하다. 자기를 잊을 정도로 무언가에 깊이 몰입해 있을 때의 그 황홀감! 그때야말로 누가 시키지 않아도 저절로 그 일을 하게 되며 더 큰 능력을 발휘할 수 있다.

내 경험에 비추어 긍정적으로 생각하면 아이는 나보다 3년이나 더 빠르게 출발하는 셈이다. 물론 더 늦어지지 않도록 응원하고 격려하는 것은 나의 몫이다. 기꺼이 그 역할을 껴안을 것이다.

도전 세 달째 풍경
"이제 TV가 없어도 힘들지 않을 것 같아요"

매주 일요일마다 한 주간의 실천내용을 토론하는 자리는 이제 일상이 되었다. 일요일 저녁 7시경이면 누가 뭐라고 하지 않아도 가족들이 자연스럽게 모인다. 이제는 아이 엄마가 그 모임을 주관하기도 하고 번갈아 진행하기도 한다. 하지만 앞으로는 주관자가 바뀔 것이다. 아이가 주관하고 우리 부부는 청중으로 이 모임에 참여할 때가 멀지 않았다. 그러기 위해서 실천계획서를 가지고 만나는 일요일에 아이 스스로 자신이 잘한 점을 자기에게 칭찬하고, 잘 지키지 못한 일은 자기 자신에게 반성하도록 했다. 물론 진성이는 나를 닮아서 쑥스러움을 타는 성격이라 첫걸음을 떼는데 어려움이 있었다.

"왜 이렇게 해야 해요? 그냥 저번처럼 일주일 동안 한 일을 말하면 안돼요?"

이런 식의 반발도 조금은 있었다. 그럼에도 이 방법을 고집한 것은 부모에게 듣는 칭찬과 질책도 필요하지만 스스로에게 듣는 칭찬이 자긍심을 북돋아주고 자신감을 높이는 데 효과가 있다는 판단에서였다.

이제 TV는 집에서 없애도 무방할 정도가 되었다. 언제인가 아이에게 "진성아, 이제는 TV를 안 봐도 괜찮니?"라고 질문했더니 "아빠, 이제 TV에서 무슨 프로 하는지도 잘 몰라요. 안 보기 시작하니까 지금은 TV가 없어도 크게 힘들지 않아요"라고 했다. 공부도 일정 부분 매일 꾸준히 하려는 의지가 생긴 것 같다. 물론 완전하지는 않지만 조금씩 습관이 붙어가고 있다.

책도 꾸준히 읽고 있는 걸 보면 책읽기에 어느 정도 재미를 붙인 것 같다. 가끔 가족끼리 도서 한 권을 선정해 토론도 하는데 활발하게 자기 의사를 밝히는 긍정적인 변화가 보인다. 재미있는 책을 잡으면 하루 이틀 만에 다 읽기도 한다. 물론 재미없는 책을 읽는 데에는 일주일 이상 걸린다. 그럴 때를 대비해 가급적 책은 최소한 두 가지 정도를 곁에 두도록 했다. 재미를 못 느끼는 책을 보다 막히면 억지로 계속 보기보다 재미있는 책으로 잠시 방향을 바꿨다가 조금 지난 뒤 다시 그 책을 읽도록 했다. 하지만 한번 잡은 책은 아무리 재미가 없어도 끝까지 읽도록 했다. 이것은 나의 책 읽는 방법인데 경험상 책마다 그 책의 진정한 가치를 느끼게 하는 부분은 차이가 있기 때문이다. 어느 책은 초기에는 지루하지만 갈수록 재미있어지고 결론에 근접할수록 큰 깨달음과 감동을 준다.

스스로 그은 한계를 어떻게 넘어설 수 있을까!

이렇게 말하면 모든 것이 다 잘되어가는 듯 보이겠지만 꼭 그렇지만은 않다. 성공한 경험이 별로 없는 사람에게 나타나는 공통적인 현상이기는 하지만 진성이는 자기 자신의 한계를 스스로 긋는 데 익숙하다. 사실 이 부분이 가장 큰 걱정거리다. 예전보다 모든 면에서 좋아진 것은 사실이다. 그러나 지금도 아이는 스스로 일정한 한계를 그어두고 그 이상은 할 수 없다고 생각하는 것 같다. 여전히 자신을 한계 짓고 '이 정도면 됐어. 이 이상은 내게 무리야'라고 생각하고 한 단계 더 도약하려고 하지 않는다.

그러나 공부습관은 붙이기가 어렵지 습관만 붙으면 가속도가 붙어 어느 순간 한 단계, 아니 몇 단계씩 점프하게 되어 있다. 물론 스스로 한계를 긋지 않고 도전했을 때 가능한 일이다.

하루는 작정하고 아이와 이 문제에 대해 이야기 했다.

"진성아, 아빠는 진성이가 정말 많이 변했다고 생각해. 참 잘하고 있어서 아빠도 기분이 좋단다. 그런데 아빠가 볼 때 진성이는 지금보다 훨씬 잘할 수 있는 능력이 있는데 스스로 한계를 만드는 것 같아 그것이 안타깝구나."

아이는 큰 반응을 보이지 않았다. 이럴 때는 이야기를 중단하는 편이 좋다. 아이가 받아들일 준비가 되어 있지 않은데 일방통행 식으로 내 생각을 강요한들 그것이 무슨 효과가 있겠는가.

확실히 사람은 좋은 환경과 노력에 비례해 얼마든지 무한한 능력을 발휘할 수 있는 존재다. 반면 인간은 의심이 많은 동물이라 어느 때는 자기 자신이 가지고 있는 능력의 범위조차 의심하곤 한다. 나 역시 이런 아이의 의심을 어떻게 없애줄까 고민이다.

도전 여섯 달째 풍경
'공부 잘하는 놈이 늦게 가야 하는데…'
토요일 아침, 아이가 학교에 가면서 말한다.

"아빠, 오늘 학원 끝나고 공부 잘하는 친구 좀 데려다 같이 공부할게요. 제가 모르는 것이 많아서요."

순간 놀랍기도 하고 의문도 생겼다.

"그래, 알았다. 그런데 왜 데려오려고?"

나는 아이가 앞서 답을 말했음에도 모른 척하고 다시 한 번 물었다.

"저도 이제 공부 좀 잘해봐야지요. 이번 시험부터는 성적을 올려야 하지 않겠어요?"

거 참, 놀라운 일이다. 아들 놈 입에서 저런 소리가 나오다니 정말 기뻤다.

최근 들어 진성이는 많이 달라졌다. 좋은 습관들이 하나씩 자리를 잡았다. 하지만 이 정도로 자신의 생각 자체를 바꾼 줄은 몰랐다. 아무튼 대견한 아들 덕분에 그 어느 때보다도 상쾌한 토요일 아침을 맞았다.

저녁에 집에 들어서자 한 아이가 인사를 한다. 정말 그놈 공부 잘하게 생겼네, 속으로 생각했다. 아침에 아들이 한 말이 사실이었다.

공부 잘하는 아이와 공부를 못하다가 요즘 들어 애쓰는 아이가 방에서 무엇인가 하고 있다. 혹시 케이블을 이어서 공부 잘하는 놈의 지식을 전송받고 있나? 우스운 생각마저 들었다. 나는 약자의 아비로서 쥐 죽은 듯 글을 쓰며 생각했다. '공부 잘하는 놈이 늦게 가야 하는데….'

아이는 2학기 중간고사를 준비하며 내가 봐도 최선을 다했다. 하루하루 시험이 끝나면 자신 있는 어투로 '잘 본 것 같아요'라고 대답했다. 아이의 책상 앞에는 스스로 잡은 과목별 목표점수가 붙어 있다. 한 학기에 두 차례 정규시험이 있는데 시험을 볼 때마다 조금씩 목표점수를 높여가도록 할 예정이다. 그러다 보면 어느 순간 중상위권에 진입하게 될 것이다. 고등학교 2학년 말부터 공부에 집중한 나보다야 더 일찍 공부를 시작한 셈이다. 얼마든지 따라갈 수 있다는 긍정적인 생각을 해본다.

도전 7개월째에 찾아온 위기

아이의 중간고사 성적과 나의 좌절

저녁식사 후 아이가 2학기 중간고사 성적을 가지고 왔다. 자신이 느끼기에도 허망한 결과였는지 스스로 꺼내 놓지 못하다가 어쩔 수 없이 가져온 것이다.

과목별 점수를 보는 순간, 모든 희망과 지나온 6개월여의 노력이 한순간에 수포로 돌아갔다는 실망감을 감출 수 없었다. 몇 분간 말문을 열지 못하고 떨리는 손으로 꼭 쥐고 있던 쪽지를 바라보았다. 허망했다. 나는 마음속으로 스스로에 대한 자책과 아이에 대한 비난을 지속할 뿐이었다. '지난 6개월 동안 쏟아부은 나와 너의 노력의 결과가 바로 이런 것이냐?' 아이에게 묻고 싶은 심정뿐이었다.

1학기와 달라진 것이라고는 단지 한 과목에서 그동안 경험하지 못한 높은 점수를 받았다는 것이었다. 그 외에는 더 떨어지거나 비슷했다. 아이에게 목표를 갖게 하고 스스로 학습하는 습관을 길러주기 위해 그동안 얼마나 힘들었던가. 조금이라도 도움을 주기 위해 환경에 대한 배려 또한 아끼지 않았다.

물론 아이의 생활태도에 큰 변화가 일어난 것은 사실이다. 때문에 내가 이날 느낀 좌절의 속내는 단순히 시험성적에 기인한 것만은 아니다. 이렇게 서로 노력했는데도 결과가 나쁜 것을 어떻게 받아들여야 할지 당혹스러웠기 때문이었다.

앞으로 무엇을 어떻게 해야 할지 머리가 멍했다. 그냥 포기해

버리고 싶기도 했다.

"그래, 네 인생 네가 알아서 살아라." 이렇게 해선 안 될 말을 뱉어놓고 방으로 들어왔다. 속상했다. 모든 것이 순간에 무너진 듯 상실감이 밀려왔다.

진성이는 어찌할 바를 몰라 전전긍긍했다. 아내 또한 상심해 있는 나와 죄인같이 고개를 처박고 있는 아이의 중간에서 안타까운 마음으로 애달파했다. 내가 얼마나 노력해왔는가를 알고 있는 아내로서는 내 상실감을 이해하기에 안타까웠을 테고, 노력을 했는데도 결과가 엉망인 아이의 마음 또한 잘 알기에 안쓰러웠을 것이다.

아내는 시간이 조금 지난 뒤에 속 이야기를 조심스럽게 꺼냈다.

"이번 시험결과에 당신이 실망한 것은 이해해. 그렇지만 오랫동안 누적된 학습부족이 단 몇 개월 만에 쉽게 극복되겠어? 습관을 바꾸는 일이 얼마나 어려운 일이야. 어른들도 일순간에 습관을 바꾸지는 못하잖아. 하지만 진성이는 당신이 해보라고 권하는 것을 그래도 다 따라했어. 학교에 늦지도 않고 학원에도 빠짐없이 성실하게 다니고 습관도 조금씩 바뀌고 있어. 단지 성적으로 나타나는 데 시간이 한참 걸리는 거라고 생각해. 그래도 한 과목은 점수가 상당히 높아졌잖아. 아이에게 시간을 줘야 하지 않을까? 그리고 진성이는 아직 어리잖아. 당신이 아이를 걱정하고 위하는 마음이 간절한 반면 아이는 자신의 인생에 대해 아직 치열하게 생각하지 않을 수 있어. 그래도 우리 아이는 인성만큼은 누구보다 착하고 잘 갖춰진 아이잖아."

아내의 말을 들으며 아이를 이해해보려고 했지만 쉽지 않았다. 아이가 왜 이렇게 미워지는지 모르겠다. 전 같으면 성적을 받고 화내고 혼내면 끝이었다. 내가 노력한 것에 대한 결과를 빨리 보고 싶었던 마음 때문인 것 같다. '내가 저를 위해 이렇게까지 노력했는데…' 이런 마음에 보상을 받지 못한 것이다.

"당신과 아이, 둘이 얼마나 가까워졌는지 생각해봐"

아침에 일어나보니 진성이가 자기 방에 물끄러미 앉아 있었다. 기가 한풀 꺾여서는 거실을 다닐 때도 조심스럽게 발을 움직였다. 아침 내내 한 마디도 하지 않았다. 그런 아이가 한편으로는 딱했다. 이번 시험결과로 인해 제일 상처를 받은 것은 아마도 아이 자신일 것이었다. '나는 해도 안 되나봐. 아빠에게 이렇게 실망을 주다니…' 이런 생각을 하고 있는 듯했다. 안타까울 뿐이었다.

앞으로 어떻게 해야 할까? 어제는 다 포기해버리고 싶은 심정뿐이었다. 자기 인생 제가 알아서 고생을 하며 살든 말든 나도 이제 모르겠다는 생각마저 들었다. 그런데 그렇게는 안 된다. 어쩔 수 없이 내 자식이기 때문이다. 하루 종일 이런저런 생각과 고민을 하며 일요일을 보냈다. 단지 아이의 습관과 생활태도를 바꾸고 목표를 갖게 해주고 싶다는 마음으로 시작했는데, 단 한 번의 시험성적으로 인해 이런 생각과 행동을 하는 내 자신도 실망스러웠다.

철수세미처럼 뒤엉킨 머릿속을 정리하고 싶어 아내와 산책을 나갔다. 낙엽 쌓인 밤거리를 걸으며 아내가 나지막이 말했다.

"당신 정말 하나도 성과가 없다고 생각해? 그렇지 않아. 당신이 진성이와 함께 비전설계과정을 진행하면서 두 사람이 얼마나 가까워졌는지 한번 생각해봐. 부자지간의 친밀감이 얼마나 높아졌는지 그리고 둘 사이의 대화가 얼마나 활발해졌는지 말이야. 나는 그것만으로도 이번 프로그램은 성공적이라고 확신해."

아내의 말처럼 그동안 나와 아이가 정말 가까워진 것은 사실이다. 또 아이의 습관이 서서히 바뀌고 있는 것도 그렇다. 아이를 믿고 기다리는 마음이 필요한 것이다. 더 시간이 필요한 것이다. 이런 생각을 하고 있는데 아내가 다시 말을 꺼냈다.

"여보, 성적이 오르는 데는 시간이 걸릴 거야. 어쩌면 우리가 생각했던 것 이상으로 더 많은 시간과 노력이 필요할 수도 있어. 또 그렇게 되지 않기를 바라지만 진성이 성적이 어느 한계 이상으로는 나아지지 않을 수도 있어. 모든 아이들이 다 1등을 할 수도 없고 또 그게 바람직한 것도 아니잖아. 중요한 것은 아이가 꿈을 갖고 목표를 향해 끊임없이 노력과 열정을 쏟는 과정 자체가 아니겠어? 그 과정 속에서 아이는 스스로 배우고 성장하게 될 거야. 우리, 시간을 갖고 더 노력해보자."

그날 밤, 나는 아이를 불러 사과했다.

"진성아, 이번 일로 네가 가장 상심이 컸을 텐데 아빠가 네게 큰 상처를 줬구나. 미안하다. 그동안 너와 아빠가 노력해온 것이 열매를 맺지 못한 게 너무 속상해서 아빠가 큰 실수를 했어."

"아빠, 죄송해요. 저 때문에 많이 속상하시죠. 더 노력할게요."

"그래, 고맙다. 그렇지만 너 때문에 속상한 게 아니야. 아빠 자

신이 너무 조급했기 때문이지. 그래서 네가 노력한 것도 인정해
주지 못하고 시험결과만 보고 화를 냈어."

"저도 노력이 부족했어요. 학원에서 보충하는 것만으로도 피곤
하다는 생각에 자꾸 예전의 생활습관으로 돌아가려고 했던 거 같
아요. 엄마 아빠가 계시지 않을 땐 슬쩍슬쩍 실천계획을 어기기
도 했구요."

"그래, 그런 생각을 다 했구나. 우리 진성이가. 그것만으로도
아빠는 참 고맙고 다행이라고 생각한다. 이번 일을 계기로 진성
이가 좀 더 스스로의 꿈과 목표에 대해 진지하게 고민하고 의지
를 다질 수 있었으면 좋겠구나. 그럴 수 있겠지?"

"네, 아빠."

우리 부부는 아이에게 더 많은 관심과 격려로 다가섰다. 아이
역시 꾸준히 습관을 만들어가기 위해 애쓰고 있고 나름대로 노력
하고 있다.

하루는 내 겨울옷을 사기 위해 가족이 쇼핑을 했다. 그러나 결
국 아이 옷만 여러 벌 사서 돌아왔다. 아이는 좋아하면서도 미안
해했다.

"아빠, 엄마. 정말 고마워요. 제가 더 열심히 해볼게요"라고 말
했다. 짧은 말이지만 깊은 마음의 소리가 느껴졌다. 이런 마음의
변화가 지속된다면 분명 언젠가 자신이 원하는 삶을 살아가게 될
것이다. 이런 믿음을 바탕으로 각오를 새롭게 하고 지금껏 대장
정을 계속하고 있다.

02

칭찬과 격려의 **마력**

세상 이야기 들려주기

아이의 가능성을 진심으로 신뢰하라

앞에서 거론한 두 가지 문제를 다시 상기해 보자. 한 가지는 어떻게 하면 아이의 의욕을 최상으로 유지시킬 것인가 하는 점이었다. 가장 우선되어야 할 것은 아이의 무한한 가능성에 대한 진심 어린 믿음이다. 훌륭한 업적을 남긴 사람들은 대개 잊지 못할 스승을 한두 분 모시고 있다. 그만큼 스승의 역할이 중요한 것이다.

그리스 신화에 피그말리온이라는 인물이 있다. 그는 어렸을 적부터 여성들의 많은 결점을 보며 자라서 여성을 혐오하게 되었고 평생 독신으로 지내기로 한 조각가였다. 한번은 상아로 여자를 조각했는데 그 작품이 너무나 완벽해서 마침내 그 작품을 사랑하게 되었다. 그는 날마다 그 상아조각을 안아보고 만져보며 그것을 아내라고 부르고 옷이며 장신구를 선물했다. 피그말리온은 아프로디테제제전에서 신에게 상아처녀와 같은 여자를 아내로 맞이하게 해달라고 기원했다. 집에 돌아가 보니 그 상아조각이 사람이 되어 있었다. 원하는 대로 이루어진 것이다. 여기서 로센탈과 제이콥스라는 심리학자가 '피그말리온효과'라는 말을 따왔다. 이는 누군가의 긍정적인 기대나 관심으로 인해 기대에 부응하는 결과가 나타나는 현상을 일컫는다.

　로센탈과 제이콥스는 초등학교 교사들을 대상으로 실험을 했다. 학년 초에 초등학교 1학년과 2학년 담임교사들에게 몇 명의 학생명단을 주면서 이 아이들은 여러 가지 심리검사 결과에서 잠재력이 매우 우수한 것으로 확인되었다고 말해주었다. 사실 이 아이들은 검사 결과나 학업성적과는 상관없이 무작위로 선택된 아이들이었다. 1년이 지난 학년말에 학생들의 학업성적과 행동을 평가했다. 평가결과 잠재력이 뛰어난 것으로 기대되었던 아이들은 그렇지 않았던 아이들에 비해 전년대비 지능검사 점수와 학업성적이 현저하게 높아져 있었다. 이 뿐만 아니라 호기심이 많은 아이들로 평가받게 되었다. 원래 기대 집단 아이들과 비교 집단 아이들은 능력 면에서 차이가 없었다. 단지 교사가 기대하는 바에서만 차이가 있었던 것이다. 그러나 교사는 잠재력이 있다고 기대되는 아이들에게 관심을 많이 기울였으며, 잘못을 했을 때도 잠재력을 믿기 때문에 격려를 아끼지 않았다. 기대를 받은 아이들은 이러한 교사의 기대에 부응하기 위해 더 많은 노력을 기울일 수밖에 없었을 것이다. 그 결과 1년이 지난 다음에는 정말로 잠재력이 계발된 모습을 보여주었다.

아이에게서 가능성을 발견하고 잘할 것이라고 기대하면 아이는 그 기대에 맞추기 위해 노력하게 된다. 반대로 문제아로 낙인찍으면 정말 그 아이는 문제행동만 보이게 된다.

막연히 "너도 잘할 수 있다"고 말하는 것은 노력해도 안 되는 사람에게 좌절감만 안겨줄 뿐이다. 더 나아가 "잘해야만 된다"는 요구는 기대라기보다는 오히려 압력에 가깝다. 청소년 중에 부모의 무리한 기대에 부응하지 못해 소중한 목숨을 버리는 가슴 아픈 경우도 있다. 대부분은 부모들이 자녀에게 기대하는 방식이 잘못되었기 때문이다. 과도하게 많은 것을 기대하거나 단기간에 기대수준을 달성하기를 요구하는 것은 오히려 자녀의 의욕을 잃게 만드는 것이다. 과도한 기대는 스스로 실패를 예상하게 하므로 결국은 좌절하게 되는 것이다.

기대감을 통해 상대를 고무시키려면 어떻게 해야 할까? 우선 남들이 찾지 못하는 상대의 장점을 찾아내는 지혜가 전제되어야 한다. 피그말리온효과가 나타나려면 무엇보다도 진지한 관심과 애정, 상대에 대한 존중이 실린 기대가 전달되어야 한다. 부모는 항상 피그말리온효과를 염두에 두고 아이들을 대해야 한다. 부모로서 아이의 무한한 가능성을 진심으로 신뢰하고 사랑과 관심을 지속적으로 유지하는 것만이 아이의 가능성을 현실화할 수 있는 방법이기 때문이다.

마쓰시타 고노스케는 "자신의 장점에 자만해서는 안 되며 자신의 단점에 열등감을 느낄 필요도 없다. 사람의 좁은 시야로 보면 장점 또는 단점이 기쁨이나 탄식의 대상이 될지 모른다. 그러나 신천지처럼 넓은 시야로 보면 그것은 각자의 얼굴이 다르게 생긴 것과 마찬가지로 옳고 그름이나 선악 이전의 문제일 것이다. 장점과 단점 모두 하늘이 각자에게 내린 개성이며 특성의 일면이라는 말이다"라고 했다.

스즈끼 신이찌 또한 "모든 어린이는 우수하다. 재능은 선천적인 것이 아니라는 전제 아래 어린이의 능력 개발은 교육하기에 달렸다는 신념을 가져라. 보다 빠른 시기에 무엇이든 한 가지를 매일 끊임없이 반복 훈련하면 그 능력은 비약적으로 발전하게 된다. 또 여기에서 얻어진 능력으로 다른 분야의 능력까지 고도로 발전시킬 수 있다"고 했다.

아이의 가능성을 부모가 의심한다면 아이의 변화를 기대할 수 없다. 아버지들도 사회생활을 하며 경험하고 있지 않은가. 상사나 회사가 나를 신뢰하고 있다고 믿는 경우와 그렇지 않은 경우에 회사생활의 마음가짐이 엄청나게 차이가 난다는 사실을….

아이에게 대화나 이메일 또는 문자메시지를 활용해 부모의 믿음을 지속적으로 느끼게 해줘라.

"아빠는 널 믿고 있단다. 사랑한다."

"엄마는 우리 딸을 자랑스럽게 생각해. 너는 잘해낼 거라 믿어. 사랑한다."

"너는 충분한 능력을 갖고 있어. 자신감을 갖자. 아자아자, 파이팅!"

이런 표현들이 마음으로 전달될 때 아이는 자신의 존재가치에 자부심을 느끼게 될 것이고 자신감을 갖게 될 것이다.

보상과 질책으로 동기 유발하기

자녀에게 지속적인 동기를 갖게 해주기 위해서는 보상과 질책을 조화롭게 사용해야 한다. 어떤 행동에 대한 반응의 형태를 크게 보상과 질책으로 구분할 수 있다. 보상은 정신적 보상과 물질적 보상으로 구분할 수 있고, 정신적 보상의 대표적 수단은 칭찬과 격려이다.

켄 블랜차드의 『칭찬은 고래도 춤추게 한다』를 읽은 독자들이 여럿 있을 것이다. 이 책에 따르면 무게 3톤이 넘는 범고래 쇼의 비결은 '고래 반응(Whale Done response)'이라 불리는 범고래 훈련법이다. 이는 성공적인 인간관계를 위한 훈련법과 다르지 않다. 고래 반응이란 ① 범고래가 쇼를 멋지게 해냈을 때는 즉각적으로 칭찬하고 ② 실수를 했을 때는 질책하는 대신에 관심을 다른 방향으로 유도하며 ③ 중간 중간에 계속해서 격려하는 것이 핵심이다. 보상과 질책을 조화롭고 현명하게 사용한다면 고래도 춤을 추게 할 수 있는데 어찌 사람을 춤추게 하지 못하겠는가.

물질적 보상과 크레스피효과

보상은 심리행위를 촉진하거나 학습 분위기를 조성하기 위해 사람이나 동물에게 주는 물질이나 칭찬이라고 정의된다. 바람직한 행동이 계속 유지되기를 바랄 때 보상은 필수 조건이다.

대개 보상이라면 '물질적 보상'을 생각한다. 아이들이 직접적으로 바라기도 하고 부모들도 약간의 경제 부담으로 손쉽게 할 수 있는 동기부여 방식이다. 그러나 물질적 보상이 긍정적인 효과만 유발하는 것은 아니다. 계속되는 물질적 보상은 때로 아이들이 스스로 무엇을 찾아서 해보려는 내적 동기를 무너뜨리고 창의성을 말살시키는 역효과를 초래하기 때문이다.

또 물질적 보상은 단기적인 효과는 있을지 모르지만 지속적인 동기부여 기제는 아니라는 약점이 있다. 게다가 요즘 아이들은 영악해서 자신이 얻고 싶은 것이 있으면 부모를 유도해 긍정적인 행동을 보여주고 물질적인 보상을 받으려 하기도 한다. 부모들이 바쁘다는 이유와 편하다는 이유로 자주 하는 물질적인 보상이 오히려 아이를 옳지 않은 방향으로 인도할 수 있음에 유의해야 한다. 특히 사전에 물질적 보상을 약속하는 것은 바람직하지 않다. 목적 자체가 뒤바뀌는 좋지 않은 결과가 나올 수 있기 때문이다.

여기서 '크레스피 효과(Crespi Effect)'에 대해 알아보자. 낮은 보상에서 높은 보상으로 변하는 것은 수행을 촉진시키지만, 높은 보상에서 낮은 보상으로 변하는 것은 수행을 급격히 떨어뜨린다. 이렇게 보상의 방향에 따라 수행이 급격히 변하는 현상을 크레스피 효과라고 한다. 이는 물질적 보상이 갖는 한계를 지적한 것이다. 하지만 물질적 보상에는 분명 긍정적인 면이 있으므로 적절히 활용하는 지혜가 필요하다.

나는 칭찬에 인색한 부모가 아닌지 자문해보라

칭찬이란 좋은 점이나 착하고 훌륭한 일을 높이 평가하는 것으로 어떤 행위의 결과를 두고 하는 말이나 행동이다. 동기유발에 가장 효과적이기도 하다. 칭찬은 아이의 자그마한 행동변화에 대해 정신적인 보상을 하는 것으로서 자신감을 갖게 해준다. 직장이나 학교와 가정에서 칭찬을 통해 인정을 받으면 대단히 강한 동기부여를 받게 된다. 따라서 더 흥이 나서 그 일을 잘하려고 했던 경험은 누구에게나 있을 것이다.

그러나 안타깝게도 우리 부모들은 이 칭찬에 매우 인색하다. 스샤오엔의 저서 『지혜』에 있는 글을 인용해 본다.

한 젊은 어머니가 자신의 잘못을 깊이 뉘우치며 이렇게 털어놓았다. 그녀는 아이가 실수를 할 때마다 항상 크게 꾸짖곤 했다. 한번은 아이가 하루 종일 아무 잘못도 하지 않은 날이 있었다. 그날 밤, 어머니는 아이를 재우고 방을 나오다가 아이의 울음소리를 들었다. 그녀는 얼른 몸을 돌려 아이 방을 엿보았다. 아이는 베개에 머리를 파묻고 "난 오늘도 착한 아이가 아니었단 말이야?" 하며 울음을 터뜨린 것이다.

젊은 어머니는 "아이의 말 한마디에 나는 마치 온 몸이 전기에 감전된 것처럼 부르르 떨렸습니다. 아이가 잘못을 저질렀을 때 항상 크게 꾸짖었습니다. 그러나 아이가 최선을 다해 착한 일을 했을 때는 전혀 그 사실을 알아차리지 못했습니다. 아이를 재우면서도 나는 칭찬 한 마디 해주지 못했던 것입니다."

우리 국민의 의식 속에는 아직도 과거의 잘못된 유물이 자리 잡고 있다. 그 대표적인 것이 자기 자식에 대해 자랑하는 사람을 '팔불출'로 치부하는 것이다. 과거의 낡은 사고가 아직도 우리 입에서 칭찬의 소리가 터져 나오는 것을 가로 막고 있다. 오죽하면 칭찬운동실천본부 같은 것을 만들어 칭찬을 독려하겠는가.

나 역시 얼마 전까지만 해도 아이에게 칭찬을 해본 기억이 별로 없다. 물론 마음에 들지 않는 행동을 할 때면 어김없이 질책했다. 이런 부모의 반응에 아이는 어떤 심정이었을까? 생각할수록 아이에게 미안한 마음이 든다. 대부분의 부모는 이렇게 이야기할 것이다.

"칭찬을 대놓고 말로 해야 되나? 나도 다 마음으로는 칭찬을 한다고."

하지만 아이가 부모의 마음속으로 들어가는 길은 너무 멀고 험하다. 비단 자식뿐 아니라 사랑하는 아내나 남편, 사회생활을 하며 부하나 동료 그리고 상사에게도 마음속으로만 칭찬하는 습관이 배었다. 질책이나 비난은 수시로 표현하면서 칭찬은 잘 하지 않는다.

반면 서양 사람들은 어떨까? 이런 칭찬의 표현이 생활 그 자체이다. 특히 프랑스인들은 가족들에게 일상에서 수없이 칭찬을 하며 산다고 한다.

철강왕 앤드류 카네기의 오른팔로 활약한 찰스 슈와프는 사람을 잘 다루는 명인이었다. 그는 "나는 결코 남을 비난하지 않는다. 마음에 드는 일을 하면 마음껏 칭찬해준다. 누구든 잔소리를 듣고 일하는 것보다 칭찬을 듣고 일하는 편이 훨씬 즐거운 것이다. 칭찬을 할 때 더 열심히 일하려는 의욕을 갖게 된다"고 말했다.

칭찬, 어떻게 해야 효과적인가

칭찬은 아주 간단한 개념이지만 실천하기가 쉽지 않다. 솔직히 언제 어떻게 칭찬해야 할지 잘 모르는 경우도 많다. 교육학자들이 이야기하는 칭찬의 방법을 살펴보자.

첫째, 칭찬하는 사람이 존경과 신뢰를 받아야 한다. 아동의 행동을 인정해주는 사람이 존경받는 권위자여야 한다.

둘째, 자녀가 왜 칭찬을 받는지 분명히 알아야 한다. 상과 칭찬은 좋은 행동의 대가이다. 따라서 칭찬의 분명한 이유를 알게 하여 그것을 위해 더욱 노력해 좋은 인격을 형성하도록 도와야 한다. "너는 혼자서 집을 보면서 숙제를 열심히 했으니까 동화책 선물을 준다"는 식으로 아이의 노력과 결과를 분명하게 표현해 칭찬해야 한다.

셋째, 미리 상을 약속해서는 안 된다. 상은 자녀가 올바른 행동을 한 후에 그것을 인정하는 증거로 주어야 한다. 상을 받기 위해 행동하게 해서는 안 된다.

넷째, 공평하게 칭찬한다. 부모가 기분이 좋을 땐 작은 일에도 크게 칭찬하고, 기분이 나쁘면 과격하게 꾸중하기 쉽다. 이렇게 되면 아이는 부모를 불신하게 된다.

다섯째, 칭찬만 한다고 좋은 것은 아니다. 너무 많이 칭찬해주면 칭찬을 받기 위해서만 무엇을 하게 된다. 교만해지고 자주성이 없어질 수도 있다. 그러나 사소한 일이라도 자발적으로 했다든지 현재 능력 이상으로 일을 잘했을 때는 놓치지 말고 칭찬해준다.

여섯째, 물질적인 상을 많이 사용해서는 안 된다. 부모들이 먹을 것이나 장난감 등으로 상을 주곤 한다. 물론 이러한 물질적인 칭찬이 자녀들을 기쁘게 하고 분발하는 데 도움이 된다. 그러나 물질적인 상을 많이 주게 되면 그 효과는 점차 줄어들고 아이들이 보수만 기대하며 행동하게 된다.

일곱째, 칭찬할 때 다른 자녀의 영향을 무시해서는 안 된다. 만일 형이 열등하고 동생이 우수할 경우에 동생만 칭찬하기 쉽다. 그러면 형은 동생에게 질투심을 느끼고 열등감을 가지게 된다.

여덟째, 개인이 칭찬하는 것보다 가족 전체가 칭찬하는 것이 효과적이다.

아홉째, 자녀가 어떠하든 누구에게나 장점이 있음을 인정해야 한다. 내성적이거나 열등감이 많은 자녀에게는 극히 사소한 장점이나 노력도 놓치지 말고 인정하고 칭찬해야 한다.

칭찬을 많이 하는 것이 좋다고 해서 긍정적인 행동이 없는 상태에서 무조건 칭찬하는 것은 진실성에 의심을 받게 마련이다. 또 자신이 무엇을 잘했는지 모르는데 칭찬을 받게 되면 아이는 혼란스러울 것이다. 소기의 목적을 달성하기 위해 칭찬해서는 안 된다. 의도적인 칭찬은 분명 상대가 알아차리게 되어 있다. 진심에서 우러나오는 마음으로 해야 한다. 진심으로 대하면 반드시 아이도 진심으로 받아들일 것이다. 아주 사소한 것이라도 아이의 변화에 주목하고 그 변화에 대한 관심을 표현해주는 것이 칭찬에서도 핵심이다.

열정은 격려에 비례한다

격려는 용기나 의욕이 솟아나도록 북돋워주는 것으로서 어떤 행위가 이루어지는 과정에서 나타난다. 칭찬이 이미 결과가 나온 행위에 대해 반응을 보이는 것이라면, 격려는 결과를 향해 나아가는 과정 중에 이루어지는 동기부여 방법이다. 따라서 격려는 잘잘못과 관계없이 할 수 있는 것이다. 마음속 깊이 진심으로 상대에게 용기를 주는 행위가 바로 격려이다.

켄 블랜차드와 셀든 보울즈는 저서 『경호!』에서 해마다 먹이를 찾아 수천 킬로미터를 비행하는 기러기들이 울음을 통해 서로를 격려하고 응원하는 장면을 감동적으로 묘사하고 있다. 기러기들은 하루에도 수백 킬로미터를 날며 이동하는 동안 단 한순간도 쉬지 않고 이렇게 서로를 응원한다는 것이다. 수천 킬로미터의 목적지를 향해 가고 있는 기러기에게도 격려와 응원이 필요한 것이다. 우리 아이들은 어떤가? 아이는 제 꿈을 이루기 위해 적게는 몇 년에서 길게는 십 년 이상을 날아야 한다. 그런데 혼자 외롭게 날도록 놔둬야 하겠는가? 부모와 주변 사람들의 진심어린 격려와 응원이 없다면 아이의 날갯짓은 작은 역경에도 중단될 수 있다. 심지어는 더 날지 못하고 추락하는 일도 생길 수 있다. 아이가 힘차게 날갯짓할 수 있도록 열광적으로 응원하자!

격려는 시기적절하고 즉각적이며, 무조건적이고 열성적이어야 한다. 그리고 결과에 대해서 뿐만 아니라 진행 과정에서도 응원을 아끼지 말아야 한다. 사람의 열정은 미션(Mission)과 보상, 그리고 격려에 비례해 증가한다.

현명한 부모라면 아이에게 적어도 하루에 한 번씩은 자신감을 북돋워주고 격려해주어야 한다. 스스로 지금까지 칭찬과 격려에 인색한 부모였다고 생각한다면 이제부터는 '칭찬과 격려의 마력'을 몸으로 느껴보길 권한다.

효과적으로 질책하는 법

마지막으로 질책에 대해 생각해보자. 올바른 행동을 이끌어가는 방법으로 칭찬과 격려를 강조했다. 하지만 질책 역시 중요한 방법임에 틀림없다. 효과적인 질책이란 무엇일까?

혼마 마사토는 『사람을 사로잡는 질책의 힘』에서 "요즘 칭찬 붐

이 불면서 무조건 상대를 칭찬하는 것이 좋다고 착각하는 사람들이 많다. 하지만 칭찬과 질책은 가속페달과 브레이크처럼 조화를 이루었을 때야 비로소 효과적인 지속성과가 나타난다"고 말했다.

아이가 잘못된 행동을 할 때 그것을 바로 지적해주지 않으면 아이는 그 행동이 잘못된 것인지조차 모르고 계속 반복할 수 있다. 요즘 아이들이 버릇없다는 이야기를 종종 한다. 간혹 공공장소에서 다른 사람에게 피해를 주는 행동을 아무런 거리낌 없이 하는 아이들을 볼 때가 있다. 그런데 더 이상한 것은 아이의 부모 역시 아무런 반응을 하지 않고 태연히 있다는 것이다. 그것은 절대 아이의 잘못이 아니다. 아이는 자기가 지금 하는 행동이 잘못된 행동이라는 것을 모르고 있을 뿐이다. 예전에 비해 자녀수가 줄면서 부모의 사랑이 한두 아이에게 집중되다 보니 이처럼 잘못된 행동인 줄 뻔히 알면서도 그냥 넘어가는 부모의 행동이 문제인 것이다.

또 질책은 아이가 나태해질 때 스스로 깨닫게 하기 위해 필요하다. 질책은 '꾸짖어 나무란다'는 뜻이다. 질책은 분명 행동의 변화를 기대하는 마음으로 하는 것이다. 과거처럼 막연한 꾸지람은 이제 잊자. 그런 꾸지람에 만성이 된 아이들에게 잘못된 질책은 아무런 의미도 없고 도움도 안 된다. 탈무드에서는 '아이를 꾸짖을 때에는 한 번만 따끔하게 꾸짖고 잔소리로 계속 꾸짖어서는 안 된다'는 말이 있다. 습관적인 꾸지람은 아이의 내성만 키울 뿐 별 효과가 없다.

질책을 할 때는 보통 아이와 직접 대면해서 하는 경우가 많지만 발달된 문명의 이기를 최대한 활용하기를 권하고 싶다. 이메일이나 문자메시지를 활용하는 방법도 좋다고 생각한다. 보통 질책할 때 부모 자신도 감정적으로 격앙되어 있는 경우가 많다. 이럴 때 이메일이나 문자를 이용하면 마음을 조금 가라앉힐 수 있어 나중에 후회할 말은 자제하게 된다. 또 아이들에게 친숙한 방법이니만큼 마음을 열 가능성도 높다.

질책하는 장소 역시 변화를 줄 필요가 있다. 매번 집에서 썰렁한 분위기에서 경직되게 할 것만은 아니다. 때로는 야외에서 아이와 산책을 하며 자연스러운 대화를 통해 부드럽게 질책할 수도 있다.

질책을 하기 전에는 반드시 무엇을 목적으로 무슨 사안에 대해 질책할 것인지 사전에 계획을 세워야 한다. 즉 질책을 통해 무엇을 변화시키고자 하는 것인지 분명한 목적의식을 가지고 접근해야 한다. 대개 그렇듯 갑자기 흥분해서 두서없고 목적 없이 일방적으로 퍼붓는 식의 질책은 피해야 한다. 서로 얻는 것 없이 마음만 상하기 십상이기 때문이다. 그리고 가급적이면 부모의 생각을 먼저 다 말하기 전에 아이가 스스로 느껴 자신의 입으로 말하도록 해야 한다.

나는 리더로서 부하직원을 질책할 때 꼭 지키는 원칙이 있다. 이런 원칙이 자녀에게도 적용 가능하다고 본다. 우선 질책을 하기 전에 상대가 진심으로 잘되기를 바라는 마음이 반드시 전제되어야 한다는 점에 유념하면서 참고하기 바란다.

① 잘못된 행동에 대해 사전에 시정을 요구하고 그래도 반복되면 질책한다.

② 질책을 할 때는 반드시 개인적으로 별개의 장소에서 한다.

③ 질책을 하는 목적이 분명해야 한다. 지금 문제가 된 원인이나 결과에 한정해야 한다. 절대 과거의 다른 일로 회귀해서는 안 된다.

④ 질책의 과정은 엄하되 격려로 마무리한다. 질책의 본래 목적만 기억하자. 긍정적인 행동의 변화를 기대해서 하는 것이 질책이다.

⑤ 절대 인간적인 모멸감을 줘서는 안 된다. 내가 질책하는 것은 그 직원의 잘못된 행동이지 그 사람 자체가 아니다.

⑥ 질책을 주고받은 뒤에도 서로 편안한 관계가 이어져야 한다. 주변에서 간혹 질책을 주고받고 나서 상하 간에 감정의 골이 깊어지는 모습을 경험하기도 한다. 절대 감정적으로 비쳐서는 안 된다. 흥분은 금물이다.

⑦ 설교보다는 메시지를 준다. 상대도 자신의 잘못을 대부분 알고 있다. 장시간의 설교는 오히려 효과를 반감시킨다.

하는 사람도 유쾌하지 않고 듣는 사람도 기분이 상할 수 있는 것이 질책이지만, 잘만 하면 상대를 감동시키고 나도 보람을 느끼는 기분 좋은 교류가 될 수 있다.

부모들에게 '4 : 4 : 2법칙'을 권하고 싶다. 즉 칭찬을 4, 격려를

4, 그리고 질책을 2로 하자는 것이다. 결론적으로 아이들이 원하는 목표를 이뤄내는 과정에서 부모의 역할이 중요하다는 점을 거듭 강조하고 싶다. 인생의 긴 여정을 출발한 아이들의 의지가 꺾이지 않도록 관심과 사랑 그리고 칭찬과 격려를 아끼지 말자. 또아이가 자신의 목표를 이루는 데 벗어나는 행동을 할 때는 진심어린 마음으로 아이 스스로 느끼고 다시 긍정적 행동으로 이어지도록 적절한 질책을 조화롭게 하자. 아이가 홀로서기를 할 때까지부모는 아이의 소중한 동반자가 되어 그 여정에 동참해야 한다.

내 아이의 이야기

90 : 10규칙을 활용해 좋은 습관들이기

오래된 습관을 한 번에 바꾼다는 것은 대단히 어려운 일이다. 무슨 일이든 억지로 무리하게 한다면 지속성이 보장되기 어렵다. 그래서 나는 『열정』의 저자 존 고든이 말하는 '90 : 10 규칙'을 적절히 활용하고 있다. 그는 "좋아하는 것을 완전히 끊지 않고서도얼마든지 열정적인 사람이 될 수 있다"며 "90퍼센트는 몸에 가장좋은 연료를 주입하고 나머지 10퍼센트는 내가 원하는 것으로 보상해 주라"고 조언한다. 그는 좋은 식습관을 형성해가는 과정을이렇게 표현한다.

처음 일주일에 세 번은 좋아하는 음식을 먹는다. 월, 수, 금. 습관을 형성하는 단계에서는 규칙적인 체계가 중요하다. 다음은 차츰 보상을 줄인다. 한 달 후엔 일주일에 두 번만 좋아하는 음식을 먹는다. 몸에 좋은 음식을 먹는 일이 편안한 습관이 되면 정말 먹고 싶을 때만 자신에게 보상해준다. 건강한 음식을 90퍼센트 먹었다면 몸은 그렇게 자주 보상을 원하지 않을 것이다.

아이와 처음 실천계획을 같이 수립하며 90 : 10규칙을 어느 정도 고려해 조언했다. 아이가 바꿔야 할 습관은 지금까지 익숙한 것들이라 정말 한순간에 바꾼다는 것은 어려울 것이다. 따라서 아이가 지속적으로 실천해서 지금의 습관을 완전히 바꿀 때까지는 경과조치가 필요하다고 판단한 것이다.

일단 아이가 좋아하는 것(TV, 만화책, 게임 등)에 대해서는 주중에 1시간, 그리고 토요일에 할 수 있도록 해주었다. 단 토요일에도 두 시간 정도는 습관 유지를 위해 실천계획서의 내용을 조금씩 하는 것을 전제로 했다. 이외에 토요일에는 다른 것은 제약하지 않았다. 충분히 자신이 좋아하는 것을 즐기도록 환경을 조성해주었다. 이는 아이의 노력에 대한 보상으로 작용했다. 존 고든의 조언처럼 이렇게 실천이 지속된다면 서서히 습관이 되어 자신의 몸에 배게 될 것이고, 버려야 할 습관은 자연히 줄어들 것이다.

칭찬 또한 습관이다

또 아이가 어떤 사소한 일이든 긍정적인 행동을 하면 곧바로 칭찬을 아끼지 않는다. 내 아내 역시 아이가 올바른 습관을 만들어가는 노력에 아낌없이 칭찬을 한다. 아마 최근 몇 개월 동안 아이가 들은 칭찬이 과거 수년에 걸쳐 들었던 것보다 더 많을 것이다. 아직도 칭찬할 일을 너무 큰 것에서 찾으려 한다든지, 마음속으로만 칭찬하는 부모가 있다면 하루 빨리 생각을 바꾸기를 강력히 권한다. 사소한 것에서 찾아보면 칭찬할 일은 너무나 많다.

예전에 나 역시 아이에게서 전혀 칭찬할 만한 거리가 없다고 생각했다. 그러나 작은 것부터 찾다보니 정말 많았다. 실천계획서에 있는 실천사항 전체를 모두 잘해야만 칭찬할 수 있는 것은 아니다. 어느 한 가지라도 잘했다면 칭찬해주라. 그러면서 다른 것까지 잘하도록 격려하면 더욱 효과적이다.

"우리 진성이, 요즘 책을 참 많이 읽네. 정말 대단해."

칭찬은 칭찬받을 훌륭한 일을 한 즉시 하고, 왜 칭찬하는지 그 이유를 명확히 하라. 또 그런 행동으로 인해 부모가 어떤 느낌을 받았는지 감정적인 표현과 함께 가볍게 어깨를 두드려주는 등의 스킨십도 필요하다.

"진성이가 토요일에만 TV를 보겠다고 계획했는데 참 잘 지키고 있구나. 정말 아빠는 진성이가 절제하고 있는 모습이 너무 보기 좋고 대견하게 느껴진다. 그래, 진성이는 이 정도는 충분히 잘 지켜나갈 의지가 있다고 아빠도 생각했었어. 역시 내 아들이야."

처음에는 이런 칭찬을 하는 것이 어색했지만 지금은 사소한 행동의 변화에도 즉시 진심으로 칭찬하는 습관이 들었다. 칭찬이 조금씩 자연스러워지고 있는 것이다. 칭찬을 하니 내 기분도 좋아지고 아이 역시 흐뭇해하며 더 잘하려는 모습을 보인다. 좋은 행동에 칭찬을 아끼지 않을 때, 아이는 긍정적으로 변모해가고 더 노력해보려는 태도의 변화가 수반된다. 아이에게 칭찬만 잘해도 부모 역할의 반은 한 것이나 다름없다.

물론 긍정적 행동에 대한 보상으로 표현으로서의 칭찬뿐 아니라 가끔 물질적 보상도 함께 한다. 여행의 기회를 준다거나 좋아하는 책을 선물한다. 가급적 돈을 직접 주는 방법은 피하고 생각지 못하고 있다가 받으면 기쁨이 두 배가 되는 것들을 찾으려고 고민하고 있다.

얼마 전 나는 오히려 아이에게 물질적인 보상을 받았다. 그동안 나는 규칙적인 운동과 식습관으로 체중감량에 성공했다. 허리 사이즈 또한 크게 줄었다. 전에 입던 옷들이 커서 새 옷을 사야 하는 상황이었는데, 아이가 아빠가 운동을 열심히 해서 살 빼는 데 성공한 걸 축하한다며 제 용돈으로 길거리표 반지를 사서 선물한 것이다. 집 앞 노점상에서 사온 값싼 반지였지만 아이의 행동에 큰 감동을 받았다. 아이에게도 이렇게 진심이 담긴 물질적 보상이 주어진다면 그 효과가 얼마나 크겠는가.

격려와 질책은 그때그때 하라

실천하는 과정에서 우리 아이 역시 망설임(혹은 미룸)과 의심, 소심함(또는 나약함), 공포, 중도포기라는 다섯 개의 적과 싸움을 하는 일이 다반사였다. 이런 상황에서 나는 그 원인에 따라 격려와 질책을 적절히 병행하고자 노력했다.

세상일에는 똑같은 결과라도 그 원인이 분명하게 차이가 있는 경우가 적잖다. 해보려고 노력했음에도 불구하고 결과가 좋지 못한 것과 해보려 노력하지 않거나 게을러서 좋지 못한 결과가 나온 것에는 분명한 차이가 있다. 전자의 경우에 질책을 한다면 역효과가 난다. 아이의 자신감과 의욕만 더 꺾게 될 것이다. 그러나 후자의 경우라면 잘못에 대해 분명한 어조로 따끔하게 질책해야 한다. 그리고 무엇을 잘못했는지 가급적 아이의 입으로 말하게 하는 것이 중요하다. 스스로 느끼고 있는지 그렇지 않은지도 잘못을 시정해가는 데 중요한 요소이기 때문이다.

격려와 질책은 결과보다는 주로 과정 중에 하는 것이 좋다. 과정 중에 분명 문제가 느껴짐에도 불구하고 아무런 피드백 없이 지나가다가 결과가 나올 때 몰아서 하는 것은 바람직하지 않다.

어른들도 습관을 바꾸기 어려운데 아이들에겐 오죽 힘이 들겠는가? 자기도 모르게 어느 순간 관성의 법칙이 작동된다. 편하게 자리 잡은 예전의 습관으로 돌아가려고 할 때가 초기일수록 자주 발생하게 마련이다.

어느 일요일, 아이는 공부를 해야 할 시간인데 친구의 전화를 받고 잠시 다녀와서 공부하겠다고 나가서 오후 늦게 들어온 적이 있었다. 그런 상황에서 격려를 해야 하나, 아니면 질책을 해야 하나 쉽게 구분할 수 없었다. 하지만 예전과 달리 격려를 택했다. 이유는 아이 자신이 잘못된 행동이라는 것을 알기 때문이고 격려가 훨씬 더 효과적이라는 것을 느끼기 때문이다.

"진성아, 네가 친구들과 재미있게 놀고 싶은 것은 아빠도 충분히 이해한다. 아빠도 친구 만나면 그렇게 하고 싶어지거든. 친구를 만나서 즐거운 시간을 보내는 것은 정말 좋은 일이지. 하지만 자신이 지키기로 한 것을 잊거나 무시하는 것은 좋지 않은 것 같은데, 진성이는 어떻게 생각하지?"

"친구들이랑 재미있게 놀다보니 정신이 팔려 늦었어요. 앞으로는 이런 일 없도록 할게요."

한편 아이가 새로운 습관을 만들며 힘들어 할 때는 주로 격려를 하곤 했다.

"진성아, 힘들어도 한번 참아보자. 힘들다고 포기하면 나중에는 더 힘들어질거야. 습관이라는 것이 시간이 지날수록 정말 바꾸기 힘든 무서운 거란다. 지금까지 정말 잘해왔어. 조금만 더 참고 이겨내면 습관이 되어서 어려움이 한결 덜할 거야. 힘내자. 넌 할 수 있어."

질책은 진심 어린 격려로 마무리하라

어느 날인가 퇴근길에 가방 하나가 내 눈에 들어 왔다. 아이가 한 달 전에 새 가방 이야기를 꺼냈는데 아직은 사용하는 데 어려움이 없을 것 같아 사주지 않았었다. 그때 아이에게 가방을 사줘야겠다는 마음이 들어 가방을 사서 집으로 갔다. 아이가 요즘은 옷이나 가방 등을 자기 취향대로 제가 직접 사려는 의지가 강한데 마음에 들어할지 걱정됐지만, 그래도 아이가 생각지도 않았던 선물을 받으면 기뻐할 거라는 막연한 생각을 하며 아이에게 가방을 내밀었다. 그런데 아이의 반응은 나의 기대를 여지없이 무너뜨렸다.

"아빠, 가방을 아빠가 그냥 사오시면 어떻게 해요. 제 마음에 안 들어요."

아이의 이런 태도는 그냥 넘길 일이 아니라는 생각이 들어 바로 테이블 앞에 앉도록 했다.

"비록 가방이 네 마음에 안 들어도 너의 지금 행동은 정말 잘못된 거야. 아빠는 너를 생각해서 기쁜 마음으로 가방을 선물한 건데 마음에 들지 않는다고 바로 이런 식으로 반응하면 상대가 어떤 기분이 들겠니? 앞으로 절대 선물하지 않겠다는 마음이 들지 않겠니?"

아이에게 질책할 때는 취지를 설명한 뒤에 스스로 생각할 수 있는 시간을 잠시 주는 것이 좋다. 아이 스스로가 먼저 자신의 행동을 되돌아보고 바로 잡을 기회를 주기 위해서다.

아이는 잠시 생각하더니 "죄송해요. 제 마음에 안 들어서 그만…" 한다. 아이들도 대부분 잠시 되짚어 생각해보면 자신의 잘못이 무엇인지 안다.

"그래, 네 마음에 안들 수도 있겠다는 생각은 아빠도 했지만 네게 뭔가 선물하고 싶다는 생각이 더 커서 사가지고 온 거야. 아빠 같으면 설령 마음에 안 들어도 우선은 고맙다고 말했을 거야. 그리고 시간이 조금 지나서 너의 솔직한 마음을 자연스럽게 이야기하면 아빠도 기분 나쁘지 않고 문제도 쉽게 해결할 수 있지 않았겠니? 사회생활을 하다보면 윗분이 선물을 주실 때가 있어. 어느 때는 아빠에게 별로 필요 없는 것이기도 하고 이미 가지고 있는 것이기도 해. 그래도 아빠는 감사하게 받고 감사표시를 충분히 한단다. 그 분은 다음에도 아빠에게 또 선물을 하고 싶다는 생각이 들지 않겠니."

아이가 자신의 반응이 잘못되었음을 진심으로 뉘우치고 있다는 느낌이 들었다.

"진성아, 사소한 선물이라도 감사하는 마음을 가지고 그것을 표현할 줄 알아야 해. 지금 너의 이런 행동은 상대방을 민망하고 불쾌하게 만들 수 있단다. 이런 행동이 지속되면 누구도 네게 선물을 하거나 배려하지 않으려 들거야. 앞으로는 좀 더 생각해서 행동하자"

"네, 아빠. 죄송해요." 아이는 다시 한 번 사과한다.

이런 일들에 대해 부모가 명확히 반응하지 않는다면 아이가 자신의 잘못을 모를 수 있고, 심하게는 그릇된 인성이 자리 잡아 사회생활에 어려움을 겪을 수 있다.

다만 꾸지람을 위한 꾸지람이 되어선 안 된다. 아이를 질책할 때 어떻게 할 것인지 나름대로 세워둔 원칙을 소개한다.

첫째, 아이의 잘못된 행동에 대해 분명하게 질책하되, 아이가 그것을 반성하고 앞으로 그런 행동을 바로 잡을 수 있는 기회로 삼게 한다.

둘째, 진심으로 사랑하는 마음에서 질책하는 것을 느끼도록 한다.

셋째, 질책이 끝나면 절대 서먹한 분위기로 마무리 짓지 않는다. 호되게 질책하더라도 마무리는 부드럽게 격려로 끝내야 한다. 그래야 이번에 잘못은 했어도 나는 잘할 수 있는 사람이라는 자신감을 잃지 않게 된다.

질책과 격려의 사례로 진성이의 학교성적이 나온 후 아이에게 보낸 이메일 내용 일부를 소개한다.

진성아. 사람이 가장 어려운 상황이 될 때 나도 모르게 초인적인 힘이 발휘되어 어려움을 극복하게 해준다고 하더구나. 너의 지금 학교 성적은 아빠가 볼 때도 최악인 것 같다. 하지만 반대로 이제 더 이상 내려갈 일이 없고 노력하면 올라갈 일밖에 없다는 말도 되겠지?

모든 사람은 기본적으로 자기가 하고 싶은 것을 하고 편안하게 살고 싶어하지. 그렇지만 누가 얼마만큼 편안함으로부터 자신을 억제하고 목표를 향해 실천해 가느냐의 차이가 앞으로 인생에 엄청난 영향을 준단다.

놀고 싶고, 자고 싶고, 좋아하는 만화를 보고 싶고… 이러한 욕구는 너뿐만 아니라 너의 친구들 모두에게도 있는 거란다. 하지만 그것을 억제하였는지 그렇지 않은지에 따라 결과가 달라지겠지.

너에게는 네가 목표를 달성하기 위해서 버려야 할 좋지 않은 습관들이 있는 것 같구나. 너는 세 가지 정도로 나쁜 습관을 버리겠다고 했는데 좀 더 고민을 해봐야겠다.

아빠가 볼 때 진성이는 아직 자신이 계획한 것을 지켜야 한다는 책임감과 의지가 부족한 것 같다. 그러니 사소한 욕구를 뿌리치지 못하고 조금만 해이해지면 그냥 원점으로 돌아가는 거야.

공부는 시험기간에만 하는 것이 아니란다. 매일 꾸준히 하지 않으면 원하는 결과를 얻을 수 없지 않겠니? 지금보다 공부하는 시간을 늘리는 것 이전에 공부할 때 집중하는 습관을 길러야 할 것 같다. 그러다가 집중력이 커지면 서서히 시간을 늘리고.

아빠가 일요일 대화하는 시간에 이야기하겠지만 집에서 TV를 보는 시간을 최대한 줄이고 컴퓨터 게임도 주말에 한 시간 정도로 줄였으면 한다. 그래서 여유 시간에 학교 공부를 좀 더 하고 이외 시간은 책을 읽는 시간으로 보냈으면 좋겠어. 휴식은 토요일 오후 몇 시간 정도로 생각해보자. 이 일은 일요일에 의논해서 결정하자.

네가 변화하려면 지금 당장부터 시작해야 해. 항상 미루는 너의 나쁜 습관이 엄청난 결과의 차이를 가져다 줄 수 있기에 아빠는 걱정이 된단다. 곁에서 지켜본 아빠로서 그런 습관들이 네 몸에 많이 배어 있어 안타깝단다.

앞으로 네가 이루고자 하는 목표를 달성하기에 적합하도록 습관을 바꾼다면 이번 시험결과는 별 것 아니라고 생각한다. 오히려 너에게 약이 될 거라 믿어. 힘내자, 아들! 그리고 이번만큼은 단순한 구호가 아니라 네가 좋은 방향으로 변하는 계기가 되기를 아빠는 바란다. 사랑한다.

나는 회사에서는 리더로서 팀원들과 많은 시간을 보내고 있다. 각기 다른 특성이 있는 여러 사람이 모여 공동의 목표를 추구해야 하는 것이 조직생활인지라 팀원들에게 지속적으로 동기를 부여하기 위해 칭찬과 격려, 때로는 질책을 하고 있다. 칭찬을 할 경우는 여러 사람 앞에서 주로 대면해서 한다. 격려는 다양한 방법으로 하고 있는데 전 팀원을 대상으로 할 때는 이메일을 많이 활용한다. 질책 역시 개별적인 사항은 각각 만나서 하지만 팀원 전체에게 메시지를 주고 싶을 때는 이메일을 통해 커뮤니케이션을 하기도 한다. 참고로 이메일을 통한 격려와 질책 사례를 제시한다.

2006년 12월 20일, 우리 팀원들께

왜 그런지 몰라도 '우리'라는 단어를 쓰고 싶네요. 직장생활을 하다보면 대부분 가족보다 더 많은 시간을 보내는 것이 동료인 것 같습니다.

요즘 우리 부서에 여러 가지 중요한 일들이 겹쳐서 여유로운 마음을 갖지 못할 정도로 시간적으로나 정신적으로 바쁘게 생활하는 것 같습니다.

솔직히 팀장으로서 미안한 마음이 가장 앞섭니다. 어느 때는 너무나 안타까워 스스로 많은 고민을 하기도 합니다. 제가 제 힘으로 어떻게 못해주는 상황도 있어 괴롭기도 합니다.

얼마 후면 성탄절과 연말연시가 돌아오는데 마음 편히 개인적인 시간을 보내야 하지만 현실은 그렇지 못한 것 같습니다. 하지만 그간의 고생의 산물이 나와야 할 중요한 시기에 멈춘다면 여러분이 그동안 고생한 보람이 없지 않겠습니까? 조금만 더 힘을 내봅시다. 이번 주는 주중에 최대한 시간을 투자해 토요일까지만 양보하고 24, 25일은 꼭 쉬도록 합시다.

다 같이 힘내도록 서로가 서로에게 힘을 주세요. '우리'라는 소중한 관계를 기억하며!

2007년 4월 12일, 신규사업을 추진하는 팀원에게

우리가 새로운 도전을 위해 한 식구가 된 지 길게는 두 달, 짧게는 열흘 남짓 지났습니다. 서로 다른 일을 경험하고 성향도 다른 우리들이 좁은 공간 속에서 하루에 길게는 10시간 이상을 함께 생활하고 있습니다.

제가 성격이 급하고 회사 입장에 약간은 편중이 되어 팀원들의 자유로운 의견을 방해하고 있다는 반성을 많이 합니다. 하지만 팀원들의 이야기를 몇 번은 되짚어보고 그 생각이 옳다고 판단이 되면 수용하려고 노력하고 있습니다. 이런 저를 조금만 이해해 주세요. 저 역시 많이 노력하겠습니다.

지금의 팀에 배치될 때 제가 원해서 발령받은 것은 아닙니다. 하지만 항상 인사이동을 명령받으면 기쁘게 받아들입니다. 이유는 '아! 또 새로운 경험을 할 수 있겠구나' 하는 마음 자세 때문입니다.

물론 나의 목표는 지금 하는 일과는 다른 곳에 있습니다. 그렇지만 이런 경험들이 인생을 살아가고 목표를 달성하는 데 큰 도움이 되리라 생각합니다. 직장생활을 하며 신규사업을 런칭해 볼 기회를 부여받은 사람이 과연 얼마나 될까요?

저는 항상 제 이력관리를 합니다. 오늘 이력관리자료를 보완하며 생각이 나서 팀원들께 메일을 쓰고 제 자신의 목표와 경력관리 내용을 보내드립니다. 우리 팀원들이 하루하루를 막연히 일이 있어서 하는 사람이 아닌 분명한 목적의식을 가진 상태에서 임해주길 바라는 마음입니다. 지금도 잘하고 있지만 자신의 목표와 이력서를 정리해보며 미래를 꿈꾸는 분들이 되었으면 좋겠습니다.

자신의 시장가치가 얼마인지 고민하는 사람이 될 때 그 사람은 외부뿐 아니라 현 회사에서도 가치 있는 사람으로 존재합니다.

우리 고생은 되지만 보람을 찾기 위해 최선을 다해 봅시다.

파이팅!

어떤 아버지로
남을 것인가

My dream...

단번에 성공하는 사람은 없다. 단번에 성공하는 인생도 없다. 성공이란 실패와 좌절이 축적되어야 비로소 이룰 수 있는 경지다. 성공이란 성공할 때까지 끝없이 매진하는 일이다. 제대로 된 길을 걷는다면 한번 뜻을 세운 이상 마지막까지 포기하지 말아야 한다.

– 마쓰시타 고노스케, 「사원의 마음가짐」 중에서 –

아이가 앞으로 자신의 목표를 달성할 수 있을지 또는 그렇지 못할지 알 수 없다. 당장 학교성적이 급속히 올라갈 것이라는 막연한 기대도 않는다. 다만 자신의 목표를 세우고 스스로 도전해본 경험이 앞으로 아이가 험난한 세상에 나가 새로운 목표를 만들어가며 또다시 도전을 시도할 수 있는 자신감으로 이어질 거라고 확신한다.

서두에서 필자 자신과 아이 그리고 우리 가정의 무기력함에 대해 이야기했었다. 그러나 아이를 변화시키기 위해 먼저 내 삶을 바꾼 것이 가족관계와 아이의 생활을 바꾸는 터닝 포인트가 되었다. 물론 어려운 과정이었지만 직장에서의 나, 가정에서의 나, 내 자신의 삶 속의 나. 이 모든 것이 조화를 이루는 가운데 즐겁고 활력 있는 삶을 살고 있다. 요즘은 아이의 표정도 많이 밝아졌고 자신감도 조금씩 찾고 있다.

나는 책을 많이 읽는 편에 속한다. 또 교육받을 기회를 적극적으로 찾는 편이다. 책을 읽거나 교육을 받은 후 사람들의 반응은 대개 두 가지다. 같은 책을 읽어도 '그래, 좋은 내용이야. 그런데 나는 ~해서 어려워.' 이렇게 핑계를 대며 흘려버리는 사람이 있는가 하면 "그래, 맞아. 나도 이것만큼은 꼭 실천해봐야겠어"하고 실행하는 사람이 있다. 전자의 경우 핑곗거리를 찾는 데 몰두해 자신의 문제를 알면서도 그것을 해결하지 못한다. 후자는 모든 사물과 현상을 통해 배우고 적용하려는 긍정적인 태도에 힘입어 책 한 권으로 인생의 전기를 마련하기도 한다.

이 책을 마무리하며 한 가지 걱정이 생겼다. 혹시 책을 다 읽고 '내가 지금 직장생활하는 것만으로도 얼마나 바쁘고 피곤한데 어떻게 이런 것까지 신경 쓰란 말이야?' 하고 항변하는 독자들이 있을까 우려된다.

　그렇다면 한번 생각해보자. 당신은 아이에게 '학비를 대느라 바쁘게만 사신 아버지'로 기억되길 원하는가 아니면 '내 인생의 꿈을 갖도록 응원해주신 아버지'로 기억되길 바라는가? 아이는 성장해서 자신에게 가슴 뭉클한 꿈을 심어주고 그 꿈을 위해 스스로 최선을 다하는 삶을 살도록 이끌고 격려해준 아버지를 더 존경하지 않을까. 단언하건데, 퇴근 후 세 시간과 주말만 투자해도 당신은 훗날 '멋진' 아버지로 남을 수 있다.

　언제 들어도 아름다운 앙드레 말로의 경구 하나를 독자 여러분에게 선물하며 글을 마친다.

　오랫동안 꿈을 그리는 사람은 마침내 그 꿈을 닮아간다.

부록

- - - - - - - - - - - - -

부록 1 아버지들이 말하는 '애면글면 아이 키우기'

사례 ① 45세 아버지

일반적인 부모들이 특별한 방법을 가지고 자녀를 키우는 건 아니다. 처음에는 그저 아이가 건강하게 자라기만 바라다가 그때그때 나이에 따라 알맞은 행동과 지식수준을 갖기를 바란다. 그러다가 학교 입학을 앞두고는 공부에 대해 모든 힘을 기울이기 시작한다.

하지만 자녀의 공부가 부모의 뜻대로 되는 것은 아니다. 공부에 투자하는 시간을 늘리기 위해서 TV도 치워 봤지만 TV를 보지 않는다고 해서 그 시간이 고스란히 공부에 투자되는 것은 아니다. 오히려 만화책 보기나 게임, 주변물건 가지고 놀기와 같은 또 다른 대체수단으로 아이는 시간을 낭비한다.

왜 그럴까? 자신이 왜 공부를 해야 되는지 분명한 목표나 목적이 없기 때문이다. 그 이전에 지적인 호기심을 어떻게 느끼게 하느냐가 문제인데 말처럼 쉽지 않다.

보통 아이는 3세가 지나면서 사물에 대한 호기심을 느끼는데 이 호기심을 어떻게 지적인 호기심으로 발전시킬 것인가가 중요하다. 그러나 아이의 이런 호기심을 지속적으로 이어가는 것조차 곧잘 실패하고 만다.

자식 교육에서 가장 중요한 건 부모의 역할이라고 생각한다. 부모가 함께 공부하는 모습을 보여주고 아이의 관심사에 대해 공감해주는 것도 필요하다. 아마도 그런 부분에서는 실패하지 않았나 생각한다. 그러나 지금도 늦진 않았겠지?

사례 ② 37세 아버지

자식을 키우면서 가장 어려운 점

1. 나의 어린시절을 돌아보며 나만큼은 자식이 경제적인 문제나 학업문제에 있어서 걱정하지 않도록 완벽하게 도움을 주는 아빠가 되고 싶었다. 그러나 그것이 생각처럼 쉽지 않다. 결국 아이도 인생을 혼자 스스로 헤쳐 나가야 한다는 사실을 깨닫게 될 것 같다.

2. 유아기에 아이에게 남다른 재능이 있음을 발견했었다. 그런데 아이가 초등학교 고학년이 되어가면서 그 재능들이 하나 둘 보이지 않고 평범해지는 것 같다. 자식을 제대로 지원하지 못했다는 생각에 마음이 아프다. 남들과 비교해서 느껴지는 상대적인 감정이기는 하지만 아빠로서의 무능함이 아이에게 미안하다.

3. 내 자신의 모습 중 가장 닮지 말았으면 하는 모습(성격, 생활습관, 버릇, 식성 기타 등)을 자식이 하나 둘 닮아가는 것을 볼 때. 그리고 아내가 그런 모습들을 하나 둘 찾아낼 때. 으이그….

4. 자녀교육에 있어서 성격형성이나 학습방법, 가치관 성립 등 아내가 나와 다른 견해를 보일 때가 있다. 그런데 결국 아내의 결정에 따를 수밖에 없게 될 때 어렵다.

   (토요일에 축구 소년 클럽 등에 가입시켜 운동하게 하는 것 등)

〈성공사례〉

특별한 성공 사례는 없다.

책 읽고 공부하는 습관이 형성된 것은 어렸을 때 습관을 잘 길러준 덕분인 것 같다(이것도 엄마 덕분이긴 하지만).

〈실패사례〉

정 많은 아이로 키우고 싶었는데 아들 녀석이 무뚝뚝한 점은 실패한 것 같다.

어렸을 때 아빠가 많이 놀아주지 않아서 그렇다고 한다. 요즘 다가가려고 하는데 진지한 맛이 없고 아이가 자꾸 장난만 치려고 한다.

사례 ③ 40세 아버지

1. 가족소개

- 나(40살) : 다혈질이고 자녀교육에 있어서 엄격하다.

- 처(39살) : 분명한 성격이다. 특히 타인에게 피해를 주는 행동이나 언행에 대해서는 호되게 야단친다.

- 아들(11살) : 영화평론가가 꿈이다. 학교생활에 적극적이며 밝은 성격을 지녔다. 영화 보는 것을 좋아하고 레고 조립과 같은 무엇을 만드는 일에 흥미와 관심이 많다. 역사물이나 해리포터 같은 소설류를 읽는 일에 적극적이다. 동생의 여우 짓에 스트레스를 받고 때로는 자기의 감정을 이기지 못하고 동

생을 때리기도 한다.

- 딸(9살) : 꿈이 자주 변한다. 밝은 성격이다. 집보다 밖에서 사람들에게 더 잘한다. 인사도 잘하고 여우짓을 잘한다. 아바타나 그림 그리기를 좋아하고 외모에 관심이 많고 욕심도 많다.

2. 교육방법

부모의 전철을 밟지 않았고 부모의 단점을 따라 하지 않았으면 하는 것이 인지상정인가 보다.

어릴 적 아버지가 그랬듯 아이가 나의 못난 모습을 닮지 않고 더 훌륭한 사람을 본받았으면 좋겠다.

나 역시 보통 아버지처럼 아이에게 내 생각을 많이 이야기하는 편이다. 특히 장래 직업을 결정하는데 있어서는 내 생각을 아이에게 명확하게 전달한다.

"○○야! 아빠는 네가 좋아하고 사회적으로 인정받는 직업을 가졌으면 한다."

아마도 내가 샐러리맨으로 만족하지 못하는 부분을 아이에게 보상받고 싶어하는 것은 아닐까? 부끄러울 때가 있다.

나와 아내는 아이가 좀 더 좋은 환경에서 사회적으로 인정받는 사람이 되었으면 하는 바람이다. 특별히 자식을 키우면서 깨달은 노하우는 없으나 기본적인 예의범절과 인간의 따스한 정을 느끼도록 하는 데 주력하고 있다. 아이들을 키우면서 내가 하고 있는 것들은 다음과 같다.

예의 – 어른에게 존댓말 하기

식사 시 부모님이 수저를 들기 전에 먼저 수저를 들거나
밥을 먼저 먹는 행위 금지

누워 있다가도 어른이 오면 얼른 일어나서 인사하기

어른들을 만났을 때는 반드시 인사하기

⇒ 지키지 않을 경우 즉시 피드백을 하여 고치게 함. 현재 100% 지
키며 생활하고 있다.

스킨십 – 손발 장난이나 포옹하기 등 자주 아이들과 접촉해 자
연스럽고 격의 없는 문화를 조성하려고 함

반성 – 매일 일기를 쓰도록 권유

잘 안 되는 부분

아이의 생각을 들어주는 노력이 부족하다. 대개 내 위주로 내가
하고 싶은 말만 전달하다보니, 때로는 아이가 반감을 느끼는 경
우가 발생한다. 아이에게 꿈이 무엇인지 이야기하라고 해놓고
"그것은 별로 좋지 않으니 다른 걸로 하면 어떻겠냐"는 식으로 아
이의 생각을 잘 인정하지 않게 된다.

아이를 키우면서 가장 어려운 부분

1. 아이가 내 생각대로 움직여주지 않을 때(공부습관이나 생활태
도, 성적 등)

2. 집에서는 엄격하게 키워 예의 바른 듯 보였는데 학교에서 안 좋은 말이나 욕을 배워 왔을 때
3. 나의 잘못된 습관이나 행동을 그대로 따라해서 난처한 경우가 발생될 때

사례 ④ 40대 중반의 아빠

1. 스스로 하는 힘

- 공부든 놀이든, 컴퓨터든 친구관계든, 간단한 옷 입기나 세수하고 양치질 하기 등 사소한 것에서부터 본인에게 주어진 과제라면 뭐든지 스스로 하게 한다.

- 대부분 너무 많은 부분을 부모가 해주다 보니 아이들이 직접 해볼 기회가 적어지고 그러는 사이 점차 약해지는 것 같다. 시간이 오래 걸리고 시행착오도 많겠지만 가급적 아이가 스스로 하게 하는 편이다.

- 여섯 살 짜리 아이는 문제를 읽어주면 곧잘 하는데 문제를 직접 읽고 스스로 하게 하면 어려워한다. 하지만 어렵다는 것이 바로 아이에게는 지적 자극을 가하는 것이라 생각하고 유도 질문을 통해 문제를 스스로 이해하도록 하고 있다.

2. 대인관계능력

- 사람이라면 누구나 사람과 더불어 산다. 공부는 혼자 할 수 있지만 놀이는 혼자 못 한다. 그래서 가급적 사람들과 어울리

고 부딪치며 놀 수 있도록 해주고 있다.

• 아이가 자꾸 컴퓨터만 하려고 하고 활동이 적어져서 사람들과 직접 어울리지 못하는 것 같다. 아직 어리긴 하지만 연기학원에 보내서 대인관계 능력을 키워 주고 있다. 또 태권도도 시작했다.

• 아이가 학교에 들어가면 반장이라도 해봐야 할 텐데, 공부를 잘해도 친구들과의 대인관계가 부족하면 안 될 것 같다. 무엇보다 중요한 것이 대인관계와 커뮤니케이션이라고 생각한다.

• 나는 어려서 시골 산골짜기에서 살았다. 그래서 대인관계의 기회가 적었다. 대전시에 있는 고등학교에 입학하면서 처음으로 사람들이 많은 곳에서 생활하게 됐다. 그럼에도 나는 아직도 수줍음이 많고 사람들 앞에 나서는 것이 어렵다. 요즘 세대 아이들에게 그런 성향은 치명적이지 않을까?.

3. 성공 · 실패 사례

• 아이가 네다섯 살일 때 말을 안 들으면 회초리로 다스린 적이 있었다. 나는 뭔가 잘못을 지적해준 것에 만족했지만 아이는 전혀 받아들이지 않았다. 오히려 아빠를 무서워하고 멀리 하게 됐다. 물론 일부 개선된 것도 있었지만 자발적 변화에 비하면 미약한 것 같다.

그래서 1년 가까이 일체 회초리를 안 대고 있다(회초리는 시골에서 가져온 가느다란 막대기다).

- 아이가 생각하는 바를 최대한 들어보려고 노력한다. 왜 그런 생각을 했는지, 왜 그렇게 했는지 등등. 여섯 살 어린 나이라고 해도 나름대로 생각이 있다. 그 생각을 무시하고 부모의 생각과 가치관만 강요했으니 쉽게 해결되지 않았나 보다.
- 요즘에는 가급적 아이가 자신의 생각을 최대한 표출하도록 하는 접근법이나 대화법, 마무리방법 등을 연구하는 중이다. 점차 대화의 문이 열리는 것 같다.

4. 어려운 점

- 특기적성교육을 하고 싶은데 딱히 지침이 없고 시간적으로나 금전적 부담이 크다.
- 할 수만 있다면 아이에게 수영과 바이올린, 피아노, 영어교육을 시키고 싶다.

부록2 청소년 Vision 설계 과정 8단계

1단계
나 자신 알기

- 현재 자신에 대한 깊이 있는 성찰
- 내가 바라는 나와 현실과의 차이점 발견하기
- 현재 내 자신에 대해 만족하는 것과 불만족스러운 것 찾기
- 불만족스러운 사안에 대한 원인 바로 알기
- 나의 강점 발견하기

2단계
내가 희망하는 직업 찾기

- 직업이 갖는 가치와 의미 이해
- 다양한 직업군 소개를 통해 시야 넓히기
- 내가 꿈꾸어 온 직업 리스트를 3~5가지 정도로 만들어 보기
- 해당 직업에 대한 기본 조사와 본인이 생각하는 직업에 대한 강·약점 발견하기

4단계
목표 달성을 위한 구체적인 계획 수립하기

- 자신의 습관을 파악하고 목표달성에 장애가 되는 나쁜 습관 찾기
- 3단계의 조사 내용을 바탕으로 구체적인 계획 수립하기
- 최종목표 달성을 위한 단기목표와 중기목표 세분화하기

3단계
최종 목표직업 선택하기

- 목표로 하는 직업 1~2개로 압축하기
- 그 직업을 선정한 이유를 분명히 하기
- 그 직업이 필요로 하는 조건에 대해 조사하기

5단계
목표를 확정하고 다지기

- 자신의 삶의 원칙과 가치관 정립하기
- 목표로 하는 직업에 종사하는 사람을 찾아가 조언 듣기
- 목표로 하는 직업 현장 방문하기

6단계
확정된 목표를 형상화해 자신의 Vision 발견하기

- 자신의 삶에 가치 부여하기
- Vision 명함 만들기

8단계
실천 또 실천

- 꾸준한 실천
- 칭찬과 격려로 지속적 동기부여

7단계
Vision을 세상에 알리고 약속하기

- Vision을 주변에 널리 알려 다짐하기
- 나를 도와 줄 후견인 찾기

VISION NOTE

_____ 의 VISION NOTE

꿈의 명함 붙이기

이 름 : _____

학 교 : _____

연락처 : _____

이메일 : _____

나의 다짐

---

* 그동안 내 생활에 대해 반성해보고 자신의 꿈이 이루어지기를 간절히 바라
는 마음으로 써 보세요.

• 나의 VISION

• 삶의 원칙

• 소중한 가치

• 직업목표

미래의 내 모습

• 1년 후 나의 모습

• 3년 후 나의 모습

• 5년 후 나의 모습

• 10년 후 나의 모습

* 미래로 여행을 떠나 미래를 현재처럼 생각하고 자신이 원하는 모습을 적어 보세요.(예 : 나는 ○○이 되었다.)

나를 도와주시는 분

성 명	연락처	도움받는 분야	일자	조언 내용

* 나의 직업목표를 이루기 위해 도움받을 수 있는 분을 적어보세요. 그 분의 조언도 기록해 보세요.

_____ 년 ____ 월 실천 목표

분야	꼭 하고 싶은 일
공부	
건강	
자기계발	
습관고치기	
가족여행	
친구관계	

* 이 달에 꼭 하고 싶은 일을 분야별로 한두 가지 적어보세요.
　(계획이 없는 항목은 비워 두세요.)
① '공부' 란에는 특히 이 달에 중점을 두고 싶은 과목을 적어도 좋고 시험이
　있다면 과목별 도전점수를 기록해 보세요.
② '건강' 란에는 운동이나 규칙적인 생활, 식사 등을 계획해 보세요.
③ '자기계발' 란에는 책 읽기, 예·체능 활동, 자격증 도전, 취미활동 등을
　기록해 보세요.
④ '습관고치기' 란에는 이 달에 집중적으로 개선할 습관을 선정해 보세요.
　(예 : 7시에 일어나기, TV는 하루 한 시간 보기, 예쁘게 말하기, 인사 잘하기
　등)
⑤ '가족행복' 란에는 가정에서 내가 할 수 있는 역할을 찾아 기록해 보세요.
　(예 : 내 방 정리하기, 청소 돕기)
⑥ '친구관계' 란에는 이 달에 친해지고 싶은 친구나 화해하고 싶은 친구가
　있다면 적어보세요. 어떻게 해서 친해지거나 화해할 것인지도 적어보세요.

_____ 년 ____ 월 주요 행사

행사일	행사내용	내가 준비할 일	필요한 돈

* 이 달에 중요한 행사를 미리 알아보고 기록해 보세요.
- 가족이나 친구의 생일, 집안 행사(기념일, 여행, 외식 등), 중요한 시험(학교, 자격증 등), 중요한 약속 등을 적어보세요.
- 내가 준비해야 할 일을 미리 생각해보고 돈이 필요하다면 미리 계획을 세워 준비해 보세요.

_____ 년 ____ 월 목표 및 행사일정

월요일	화요일	수요일	목요일	금요일	토요일	일요일
		1	2	3	4	5
6	7	8	9	10	11	12
13	14	15	16	17	18	19
20	21	22	23	24	25	26
27	28	29	30	31		

* 이 달의 목표와 행사를 보기 편하게 옮겨 보세요.
  (매일 해야 하는 일은 제외하고 정해진 날에 해야 할 일과 행사를 간단히
  적어 보세요.)

_____ 월 _____ 주 일일실천 점검

분야	일일목표	/	/	/	/	/	/	/	스스로 평가해 보기
공부									
건강									
자기계발									
습관고치기									
친구관계									
가족행복									

* 일주일 동안 내가 계획한 내용을 얼마나 잘 실천했는지 매일 점검해 보세
요. 아주 잘했으면 ○, 보통이면 △, 잘못했으면 × 해보세요.
 – 매주 한 번 일일실천점검표를 가지고 부모님과 대화해 보세요.

____ 월 ____주 스스로 평가하기

- 스스로 칭찬할 점 :
  _____
  _____
  _____

- 반성할 점 :
  _____
  _____
  _____

부모님께 듣고 싶은 칭찬

부모님의 칭찬 한마디

- 아빠 :
  _____
- 엄마 :
  _____

꼴찌 아빠 일등 아들

초 판 인 쇄	2008년 12월 2일	
초 판 발 행	2008년 12월 9일	
지 은 이	오평선	
펴 낸 이	박찬후	
펴 낸 곳	북허브	

주 소	서울시 마포구 서교동 397-7, 201호
전 화	02-3281-2778
팩 스	02-565-6650
E - m a i l	book_herb@naver.com
	http://cafe.naver.com/bookherb

※ 잘못된 책은 구입하신 서점에서 바꾸어 드립니다.

값 12,000원
ISBN 978-89-961905-0-9 (03040)